Frauke Ion

30 Minuten

Perspektivenwechsel

Bibliografische Information der Deutschen Nationalbibliothek

Die Deutsche Nationalbibliothek verzeichnet diese Publikation in der Deutschen Nationalbibliografie; detaillierte bibliografische Daten sind im Internet über http://dnb.d-nb.de abrufbar.

Umschlaggestaltung: die imprimatur, Hainburg
Umschlagkonzept: Martin Zech Design, Bremen
Lektorat: Eva Gößwein, Berlin
Grafiken: Timo Wuerz, Hamburg
Foto der Autorin: Nils Fasel, Köln
Satz: Zerosoft, Timisoara (Rumänien)
Druck und Verarbeitung: Salzland Druck, Staßfurt

Hinweis:
Das Buch ist sorgfältig erarbeitet worden. Dennoch erfolgen alle Angaben ohne Gewähr. Weder Autorin noch Verlag können für eventuelle Nachteile oder Schäden, die aus den im Buch gemachten Hinweisen resultieren, eine Haftung übernehmen.

Printed in Germany

ISBN 978-3-86936-813-9

In 30 Minuten wissen Sie mehr!

Dieses Buch ist so konzipiert, dass Sie in kurzer Zeit prägnante und fundierte Informationen aufnehmen können. Mithilfe eines Leitsystems werden Sie durch das Buch geführt. Es erlaubt Ihnen, innerhalb Ihres persönlichen Zeitkontingents (von 10 bis 30 Minuten) das Wesentliche zu erfassen.

Kurze Lesezeit
In 30 Minuten können Sie das ganze Buch lesen. Wenn Sie weniger Zeit haben, lesen Sie gezielt nur die Stellen, die für Sie wichtige Informationen beinhalten.

- Alle wichtigen Informationen sind blau gedruckt.

- Schlüsselfragen mit Seitenverweisen zu Beginn eines jeden Kapitels erlauben eine schnelle Orientierung: Sie blättern direkt auf die Seite, die Ihre Wissenslücke schließt.

- *Zahlreiche Zusammenfassungen innerhalb der Kapitel erlauben das schnelle Querlesen.*

- Ein Fast Reader am Ende des Buches fasst alle wichtigen Aspekte zusammen.

- Ein Register erleichtert das Nachschlagen.

Inhalt

Vorwort

„Ich sehe was, was du nicht siehst!" – mit diesem Spiel haben wir uns als Kinder auf langen Autofahrten die Zeit vertrieben. Heute, als Erwachsene, finden wir es mindestens genauso spannend, zu beobachten, dass Gegenstände, die eigentlich rot sind, als grün bezeichnet werden. In solchen Situationen wird uns dann bewusst, wie sehr die Welt im Auge des Betrachters liegt. Es ist alles eine Frage der Perspektive.

Fakt ist, dass Menschen Dinge unterschiedlich sehen. Es gibt offenbar bestimmte Parameter, die dafür sorgen, dass Menschen kein einheitliches Bild von einer Sache haben. Was dann passiert, kennen wir alle: Lautstark wird protestiert und gezetert. Das Ergebnis dieser unterschiedlichen Sichtweisen sind häufig Missverständnisse, Konflikte und Streitereien.

Aber warum ist das so? Wieso ticken und verhalten sich die anderen oft so anders, als wir es tun oder erwarten? Diese Frage stelle ich mir schon, seit ich denken kann. Die Erklärung fand ich erst während meiner Arbeit als Führungskraft und Personalentwicklerin, Trainerin und Coach: Jeder Mensch hat eine individuelle Persönlichkeit, die so einzigartig ist wie ein Fingerabdruck; und diese wird durch seine persönlichen Bedürfnisse, Sicht- und Verhaltensweisen bestimmt – eine kausale Kette, die uns zu dem Menschen macht, der wir sind. Doch was bringt es uns, diese drei Aspekte der menschlichen Persönlichkeit zu kennen?

Nach einigen Jahren als Führungskraft habe ich schließlich die Antwort auf diese Frage gefunden: Wenn wir die individuellen Persönlichkeitsmerkmale unserer Mitmenschen kennen, können wir sie individuell behandeln. Das Ergebnis ist eine reibungslosere Kommunikation, individuelle Motivation, gegenseitiges Verständnis und letztlich auch das Erreichen unserer Ziele. Eine Erkenntnis, die mich so fasziniert hat, dass ich noch mehr über die Persönlichkeit des Menschen erfahren wollte. Ich habe weiter geforscht, nachgedacht, mit meinen Mitmenschen diskutiert – und daraus schließlich das 5-Sterne-Prinzip entwickelt. Mit diesem Modell konnte ich meinen Kunden in Seminaren und Coachings nun noch gezielter dabei helfen, die Perspektive zu wechseln, die Welt des anderen besser zu verstehen und letztlich 5-Sterne-Ergebnisse zu erreichen – denn wir wollen doch alle Ergebnisse mit 5-Sterne-Prädikat, oder?

Mithilfe dieses Buches werden Sie erkennen, welche großartigen Chancen der Perspektivenwechsel bietet. In 30 Minuten werden Sie verstehen, welchen Einfluss Motive, Sicht- und Verhaltensweisen auf die Ergebnisse Ihres Handelns haben und wie Ihnen dieses Wissen dabei hilft, Ihre Wunsch-Ergebnisse zu erzielen.

Ich wünsche Ihnen viel Spaß und erstklassige 5-Sterne-Ergebnisse beim Perspektivenwechsel mithilfe des 5-Sterne-Prinzips.

Ihre
Frauke Ion

30 MINUTEN

1. Das 5-Sterne-Prinzip

Um besonders gute Ergebnisse, also 5-Sterne-Ergebnisse, erzielen zu können, ist es notwendig, sowohl die eigene Persönlichkeit als auch die der anderen zu verstehen und zu akzeptieren. Ein Perspektivenwechsel hilft dabei, die einzelnen Persönlichkeitsaspekte genauer kennenzulernen und in der Interaktion zu nutzen. Das 5-Sterne-Prinzip ist dafür eine Art Anleitung. Die fünf Sterne des Prinzips stehen dabei für die drei Facetten der menschlichen Persönlichkeit, also für die Bedürfnisse, die Verhaltens- und die Sichtweisen, für das Gehirn als Übertragungsorgan und für die Ergebnisse unseres Handelns.

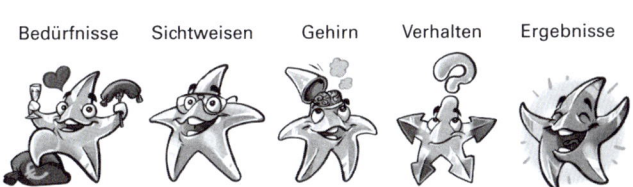

| Bedürfnisse | Sichtweisen | Gehirn | Verhalten | Ergebnisse |

1.1 Die Facetten der Persönlichkeit

Nachfolgend erfahren Sie, wie die Persönlichkeitsaspekte, für die die fünf Sterne stehen, definiert sind und wie sie sich gegenseitig bedingen.

Bedürfnisse

Der erste Stern symbolisiert die Bedürfnisse eines Menschen – insbesondere die existenziellen Grundbedürfnisse wie Essen, Trinken, Schlafen und Fortpflanzung, aber auch soziale Zugehörigkeit und Sicherheit. Egal, was wir tun, wir versuchen immer, diese Bedürfnisse zu befriedigen – allerdings nicht immer bewusst. Wenn wir beispielsweise Hunger verspüren, essen wir. Wenn wir durstig sind, trinken wir etwas. Wenn wir uns einsam fühlen, gehen wir unter Menschen, wenn wir müde sind, schlafen wir, usw. Der Mensch strebt unbewusst danach, sich wohlzufühlen.

Der amerikanische Psychologe Prof. Steven Reiss hat diese Bedürfnisse erforscht. Er definierte insgesamt 16 Lebensmotive, innere Antreiber menschlichen Handels. Sie sind in unseren Genen in individuellen Konstellationen angelegt und motivieren uns zu bestimmten Handlungen oder auch Nicht-Handlungen.

Sichtweisen

Der zweite Stern steht für die Sichtweisen, Überzeugungen, Glaubenssätze, Paradigmen eines Menschen und somit für seine individuelle Sicht auf die Welt. Anders als die Motive werden Sichtweisen nicht durch die Gene bestimmt, sondern durch die Kultur, in der wir aufwachsen, durch Erfahrungen, die wir machen, und die Erziehung, die wir erfahren. Stellen Sie sich die menschliche Sichtweise wie eine Brille vor: Die Gläser sind speziell für den Menschen geschliffen worden, der sie trägt. Die Dioptrien sind perfekt berechnet, daher sieht er die Welt klar und deutlich. Setzt ein anderer Mensch diese Brille auf, sieht er die Welt anders, vielleicht sogar verschwommen. Andere Sichtweisen ziehen entsprechend andere Verhaltensweisen nach sich.

Gehirn

Der dritte Stern symbolisiert das Gehirn. Es ist als „Übertragungsorgan" zu verstehen, das die Impulse, die durch die Bedürfnisse und Sichtweisen ausgelöst werden, in ein bestimmtes Verhalten übersetzt. Im 5-Sterne-Prinzip steht es an dritter Stelle, es könnte aber überall platziert werden. Denn ohne Gehirn wären wir nicht in der Lage, Bedürfnisse zu erkennen, Sichtweisen wahrzunehmen, unser Verhalten zu erklären oder Ergebnisse zu hinterfragen. Ohne dieses Gehirn gäbe es die anderen Sterne nicht.

Verhalten

Bedürfnisse lenken uns zusammen mit Sichtweisen in eine bestimmte Richtung. Das Gehirn löst, oft unbewusst und automatisiert, eine Handlung oder auch Nicht-Handlung aus. So werden wir häufig zu Verhalten verleitet, das nicht immer zielfördernd ist. Trotz der Automatismen sind wir unserem Gehirn aber nicht völlig unterworfen. Wir sind in der Lage, Verhalten kognitiv zu reflektieren, es zu beeinflussen. Und dann können wir uns bewusst anders, möglicherweise sogar ziel- und ergebnisfördernd verhalten. Wir alle unterliegen bestimmten präferierten, also typischen Verhaltensweisen: erprobte Verhaltensmuster, die uns guttun und uns schon oft geholfen haben, den gesellschaftlichen Ansprüchen und Erwartungen zu genügen.

Ergebnisse

Wenn wir etwas tun, aber auch, wenn wir etwas lassen, führt es letztlich zu einem Ergebnis. Das wird im 5-Sterne-Prinzip durch den fünften Stern symbolisiert. Auf die Folgen des Ergebnisses haben wir keinen unmittelbaren Einfluss mehr. Überspitzt ausgedrückt: Sie können sich nicht aus Situationen herausreden, in die Sie sich „hineinverhalten" haben. Wenn Sie also nach anderen und besseren Ergebnissen streben, dann müssen Sie sich im Klaren darüber sein, welche Verhaltensweisen diese Ergebnisse unterstützen und welche nicht. Aber damit noch nicht genug – eine Verhaltensänderung reicht häufig nicht aus. Wollen Sie langfristig und dauerhaft Verhaltensweisen verändern, müssen Sie an Ihren Sichtweisen arbeiten. Nur dann lassen sich mittel- und langfristig Bedürfnisse befriedigen.

Das 5-Sterne-Prinzip liefert einen Leitfaden für den erfolgreichen Perspektivenwechsel. Es geht darum, zu reflektieren, zu verstehen und sich intensiver als bisher mit den eigenen Persönlichkeits-Facetten und denen der anderen zu beschäftigen.

1.2 Wie die Facetten zusammenhängen

Als Modell der Kausalität der menschlichen Persönlichkeitselemente liefert das 5-Sterne-Prinzip die Basis, um sich und andere besser zu verstehen. „Kausalität" bedeutet, dass der eine Stern den nächsten bedingt und beeinflusst: Unsere Bedürfnisse, die befriedigt werden wollen, bestimmen unsere Sichtweisen. Und so, wie wir die Welt sehen, so verhalten wir uns. Da wir uns nicht nicht verhalten können, führt alles zu einem Ergebnis. Entscheidend ist, dass die Ergebnisse mittel- und langfristig unsere Bedürfnisse befriedigen.

Die grundlegenden Bedürfnisse befinden sich im „Kern" der Persönlichkeit (erster Stern). Diese intrinsischen Antreiber, die Motive, nach deren Erfüllung wir streben, sind bei jedem Menschen unterschiedlich ausgeprägt. Diese individuelle Motivkonstellation nimmt – neben Faktoren wie Kultur, Erziehung und Erfahrungen – Einfluss auf die individuelle Sichtweise des Menschen (zweiter Stern). Unser Gehirn (dritter Stern) überträgt diese Sichtweise – bewusst oder unbewusst – in konkretes Verhalten (vierter Stern). So wie der Kommunikationswissenschaftler Paul Watzlawick so schön festgestellt hat: „Wir können nicht nicht kommunizieren", genauso können wir uns auch nicht nicht verhalten. Schließlich führt alles, was wir tun oder auch nicht tun, zu einem Ergebnis (fünfter Stern).

Sichtweisen – der Schlüssel zum Perspektivenwechsel

Dauerhaft erstklassige Ergebnisse erzielen, die mittel- und langfristig unsere Bedürfnisse befriedigen – das wäre schön, doch leider lässt sich das nicht so einfach umsetzen. Damit wir 5-Sterne-Ergebnisse erzielen können, müssen wir zunächst verstehen, dass unsere Bedürfnisse in Kombination mit unseren Sichtweisen ein bestimmtes Verhalten auslösen, das wiederum gute oder weniger gute Ergebnisse nach sich zieht. Wollen wir also andere Ergebnisse erzielen, müssen wir unsere Sichtweisen und unser Verhalten hinterfragen, erkennen, verstehen und entsprechend anpassen. Das ist nicht immer einfach, denn nicht selten werden wir „Opfer" unserer Sichtweisen – wie das folgende Beispiel zeigt.

Beispiel – Szenario 1

Sie gehen die Straße entlang. Sie ahnen nichts Böses, als Ihnen plötzlich ein Dobermann entgegenkommt. Ein hüfthoher Dobermann mit spitzen Ohren und spitzen Zähnen – und was die Situation nicht besser macht: Er ist nicht angeleint und sein Besitzer weit und breit nicht zu sehen. Was denken Sie in dieser Situation? „Der könnte vielleicht gefährlich sein" – wenn das Ihr Gedanke ist, wie werden Sie sich wohl verhalten? Wahrscheinlich werden Sie nicht versuchen, Kontakt mit dem Hund aufzunehmen. Stattdessen sind Sie vorsichtig und lassen ihn nicht aus den Augen. Das Ergebnis: Mit dem nötigen Sicher-

heitsabstand gehen Sie an dem Hund vorbei und vermeiden jedes Verhalten, das die Situation außer Kontrolle bringen könnte.

Beispiel – Szenario 2

Bleiben wir bei der Ausgangssituation, ändern aber Sichtweise und Verhalten: Sie gehen die Straße entlang, da kommt Ihnen ein Dobermann entgegen. Ihre Sichtweise ist: „Dobermänner, das sind richtig tolle Tiere: Charakterhunde, viel besser als diese kleinen Kläffer, die einem unvermittelt ins Bein beißen." Wie werden Sie sich nun wohl verhalten? Richtig, Sie haben keine Angst. Sie kennen sich möglicherweise mit Hunden aus und lassen ihn erst einmal an Ihrer Hand schnuppern. Dann streicheln Sie ihn sogar. Die Besitzer kommen um die Ecke – Freunde fürs Leben gefunden. Das Ergebnis ist ein völlig anderes.

Beispiel – Szenario 3

Sie gehen die Straße entlang, plötzlich kommt Ihnen ein Dobermann entgegen. Er hat spitze Ohren, spitze Zähne und ist nicht angeleint. Herrchen oder Frauchen ist weit und breit nicht zu sehen. Ihre Sichtweise: „Achtung! Kampfhund! Dobermänner beißen Kindern in den Kopf!" Wie werden Sie sich unter diesen Bedingungen verhalten? Genau, Ihr Instinkt sagt: Lauf! Sie nehmen die Beine in die Hand, wechseln die Straßenseite, suchen nach Abwehrgegenständen – am liebsten würden Sie auf den nächsten Baum flüchten. Sie werden alles dafür tun, dem Dobermann bloß nicht zu begegnen. Warum? Weil es Ihr

Bedürfnis ist, Risiko zu vermeiden, und Ihre Sichtweise Ihnen sagt, dass Dobermänner tödliche Kampfmaschinen sind. Vielleicht wurden Sie schon einmal gebissen oder Sie kennen jemanden, der schon einmal gebissen worden ist, oder Sie haben in den Nachrichten gesehen, dass ein Kind von einem Dobermann gebissen wurde.

Unsere Paradigmen und Überzeugungen bzw. Sichtweisen sind sehr tief in uns verankert und daher besonders schwierig zu ändern. Wir schauen durch unterschiedliche Brillen, dir wir permanent, aber für andere unsichtbar auf der Nase tragen. Wir schauen auf die Welt aus unserer Perspektive heraus, die wir meistens für die einzig richtige halten. Sichtweisen sind nicht schlecht. Sie helfen uns in vielen Situationen des Lebens weiter, denn sie geben uns Orientierung. Wenn aber eine Sichtweise nicht „korrekt", für unsere Mitmenschen nicht nachvollziehbar, vollständig oder schlicht inadäquat ist, dann kommt es häufig zu Streitereien und Konflikten. Wenn andere Menschen andere Sichtweisen haben als wir, dann ist es oft schwierig, die Ergebnisse zu erzielen, die wir uns wünschen.

Unsere Bedürfnisse bestimmen unsere Sichtweisen, diese bestimmen unser Verhalten und unser Verhalten führt zu Ergebnissen, die im Idealfall unsere Bedürfnisse befriedigen. Die Sichtweisen sind der Schlüssel, um langfristig das Verhalten und damit auch die Ergebnisse zu ändern.

1.3 Erfolgsfaktor Perspektiven-wechsel

Wir alle wollen erfolgreich sein und 5-Sterne-Ergebnisse erzielen. Doch was macht 5-Sterne-Ergebnisse aus? Warum sind sie so erstrebenswert? Ganz einfach: Sie befriedigen unsere Bedürfnisse und verschaffen uns so gute Gefühle. Das 5-Sterne-Prinzip zeigt Ihnen, wie Sie gezielt an den einzelnen „Rädchen" Ihrer Persönlichkeit drehen und eine andere Sichtweise einnehmen können. Sie blicken nicht nur aus einer anderen Perspektive auf Ihre eigenen Bedürfnisse, Sicht- und Verhaltensweisen, sondern auch auf die Ihrer Mitmenschen. Denn unsere Ergebnisse sind meistens abhängig von anderen Menschen. Umso wichtiger ist es, dass alle Beteiligten die angestrebten Ergebnisse kennen:

- Welches Ergebnis streben Sie und der andere an?
- Welche unterschiedlichen Erwartungen liegen vor und wie lassen sich daraus entstehende Herausforderungen lösen?
- Welche Motive, Verhaltens- und Sichtweisen fördern das gewünschte Ergebnis?
- Was müssen Sie verändern, um das gewünschte Ergebnis erzielen zu können?

Der Nutzen des Perspektivenwechsels

Um ein 5-Sterne-Ergebnis zu erzielen, ist ein Perspektivenwechsel essenziell – egal, ob es um unterschiedliche Motive, Sicht- und Verhaltensweisen oder um unterschiedliche Definitionen von Ergebnissen geht. Nur wenn wir die Perspektive wechseln und erkennen, was wir und was die anderen brauchen, wird ein (gemeinsames) 5-Sterne-Ergebnis möglich, denn:

- Nur wer weiß, wer er ist, erkennt sein Potenzial und lernt es auszuschöpfen.
- Nur wer reflektiert, was ihn und andere im Innersten antreibt, kann mehr Zufriedenheit erreichen.
- Nur wer die Welt auch einmal aus einer anderen Perspektive betrachtet, wird erfolgreich und individuell mit sich und anderen umgehen können.

Bevor Sie sich also voller Aktionismus auf den Weg machen, sollten Sie sich erst einmal Klarheit darüber verschaffen, wo der Weg überhaupt hingehen soll: Was ist Ihr persönliches 5-Sterne-Ergebnis? Die folgenden Fragen können Ihnen bei der Definition helfen:

- Inwieweit befriedigt das angestrebte Ergebnis mittel- und langfristig Ihre Bedürfnisse?
- Welche Sichtweisen auf das Thema oder die Situation hindern Sie daran, sich zielführend zu verhalten?
- Welche Art von Perspektivenwechsel könnte Ihnen zu ergebnisfördernden Verhaltensweisen verhelfen?

Verhaltensweisen oder auch -muster sind tief in unserer Persönlichkeit verankert und ebenso schwierig veränderbar wie Sichtweisen. Vieles passiert unreflektiert und instinktiv – wie eine Art „Programm", das automatisch abläuft. Das folgende Beispiel zeigt die Konsequenzen.

Es ist Freitagnachmittag. Ihre Woche verlief nicht wirklich rund, dementsprechend angespannt sind Sie. Am Wochenende bekommen Sie Besuch und dafür müssen Sie noch einiges einkaufen. Eigentlich kein guter Plan, denn um diese Uhrzeit treffen sich viele gestresste Menschen in den Supermärkten. Aber Sie haben keine andere Wahl. Sie hasten also zielstrebig durch die Gänge. Schnell haben Sie Ihren Einkaufszettel abgearbeitet, doch an jeder Kasse erwartet Sie eine meterlange Schlange! Das bessert Ihre Stimmung nicht gerade. Sie entscheiden sich für die Schlange mit den weniger vollen Einkaufswagen und schauen der Kassiererin ungeduldig beim Scannen zu. Dann legt der Rentner vor Ihnen seine Sachen aufs Band. Teil für Teil und gefühlt in Zeitlupe. Nachdem die Kassiererin alles gescannt hat, packt er seinen Einkauf – Teil für Teil und ebenso in Zeitlupe – wieder zurück in seinen Wagen. Sie merken, wie sich das Gefühl des Genervtseins immer weiter in Ihnen breitmacht. Sie denken: „Müssen diese Rentner denn unbedingt am Freitagnachmittag einkaufen gehen? Die haben doch den ganzen Tag Zeit." Sie beobachten die Kassiererin und stellen fest, dass sie viel länger für das Einscannen der Produkte braucht als ihre Kollegen an den anderen Kassen. Ihr nächster Gedanke: „Typisch, da habe ich ja mal wieder genau die richtige Kasse erwischt." Oder: „Ist die neu oder einfach nur unfähig?" Während Sie so dastehen und sich Ihren negativen Gedanken hingeben, spüren Sie plötzlich, wie Ihnen die Räder eines Einkaufswagens schmerzhaft in die Hacken gerammt werden.

Wie verhalten Sie sich in diesem Moment? Mal ganz ehr-
lich, eigentlich würde ein Teil von Ihnen gerne ausrasten,
denn Sie sind vollgepumpt mit schlechten Gefühlen. Doch
der gesellschaftliche Verhaltenskodex, der uns anerzo-
gen wurde, hindert uns daran.

Die Gründe von Verhalten erkennen

Verhaltensweisen bzw. Verhaltenspräferenzen (die
präferierte Art und Weise, sich zu verhalten) zeigen
sich insbesondere dann, wenn Menschen gestresst sind
oder auch in Alltagssituationen kommen, in denen sie
nicht die nötige Zeit haben (oder zu haben meinen),
sich über das Ergebnis ihres Handelns bewusst zu werden. Uns begegnen tagtäglich viele Menschen, zu denen
wir keine nähere Beziehung haben, und deshalb setzen
wir uns mit ihnen auch nicht auseinander. Auch wenn
manchmal ein Perspektivenwechsel nötig wäre, so halten wir ihn für „vergebliche Liebesmüh". Warum sollten wir so viel Energie für fremde Personen aufbrin-
gen?

Ein verständlicher Gedanke. Dennoch können und sollten wir auch in solchen Situationen die Chance nutzen,
sensibler für die Wahrnehmung von Verhalten und
seiner Wirkung zu werden. Kommen wir auf das Super-
markt-Beispiel zurück und gehen einfach davon aus,
dass die Person hinter Ihnen nicht gemerkt hat, dass sie
Ihnen den Einkaufswagen in die Hacken gerammt hat.
Vielleicht war sie in Gedanken, durch ein Kind oder einen anderen Menschen abgelenkt. Oder sie war selbst

gestresst und müde. Bestimmten Verhaltensweisen gehen bestimmte Situationen voraus – seien diese nun bewusst oder unbewusst. Wenn wir uns unser Verhalten und die daraus resultierenden Ergebnisse auch in Alltagssituationen immer wieder bewusst machen, dann können wir lernen, beides zu steuern – und vermeiden, dass schlechte Gefühle daraus entstehen.

Also: Atmen Sie tief ein und aus, zählen Sie langsam bis fünf, machen Sie sich die Situation bewusst, in der Sie sich gerade befinden, und stellen Sie sich die folgenden Fragen:

- Welches Ergebnis möchte ich erreichen?
- Lohnt es sich in der aktuellen Situation, sich emotional von dem Verhalten der anderen aufwühlen zu lassen?
- Durch welches Verhalten erreiche ich mein angestrebtes Ergebnis?
- Welche Gründe könnte der andere haben, sich so zu verhalten?

Dadurch werden Sie mit dem zunächst so unverständlichen Verhalten anderer besser umgehen können. Denn die Schlange an der Kasse wird nicht kürzer, die Kassiererin nicht schneller und der Rentner nicht jünger, wenn Sie sich aufregen.

Schon Henry Ford hat den Nutzen des Perspektivenwechsels erkannt: „Um Erfolg zu haben, musst du den Standpunkt des anderen einnehmen und die Dinge mit seinen Augen betrachten."

Tipp: Lassen Sie nicht zu, dass das Verhalten anderer negative Gefühle bei Ihnen weckt, sondern machen Sie sich das Ergebnis bewusst, das Sie erreichen wollen.

Ich weiß, das klingt einfacher, als es ist. Unsere Emotionen haben uns stark im Griff. Sich in Stresssituationen nicht von seinen Emotionen übermannen zu lassen, ist harte Arbeit. Doch man kann das trainieren – wie einen Muskel, der sich nach und nach aufbaut: Durch das mehrfache Wiederholen des zielführenden Verhaltens wird es sich automatisieren – und sich irgendwann sogar auf Ihre Sichtweise auswirken.

Das 5-Sterne-Prinzip basiert auf folgenden fünf Aspekten der Persönlichkeit: Bedürfnisse, Sichtweisen, Gehirn, Verhalten, Ergebnisse.
Sie bilden eine kausale Kette, wobei die Ergebnisse am Ende im Idealfall unsere Bedürfnisse befriedigen.
Die Qualität unserer Ergebnisse wird dadurch beeinflusst, wie gut oder schlecht wir die Perspektive wechseln können. Jedes Mal, wenn wir unsere Motive, Sicht- und Verhaltensweisen reflektieren, haben wir die Chance, durch einen Perspektivenwechsel bessere Ergebnisse zu erzielen – ob beruflich oder privat, ob in einer unserer Beziehungen oder ganz für uns allein.

30 MINUTEN

2. Erster Stern: Bedürfnisse

Bevor wir Sicht- und Verhaltensweisen verstehen können, müssen wir die Bedürfnisse des Menschen erkunden – zu diesem Schluss haben mich die Erkenntnisse von Bedürfnisforschern wie Murray, Maslow, Herzberg, Alderfer und Reiss sowie meine persönlichen Erfahrungen als Trainer und Coach kommen lassen. Wenn wir die Motive hinter einer Handlung verstehen, dann haben wir die großartige Chance, beides zu akzeptieren und darauf einzugehen. Hierbei geht es nicht darum, anderen Sichtweisen grundsätzlich zuzustimmen, sondern schlicht und einfach erst einmal um das Verständnis und die Akzeptanz der Andersartigkeit.

2.1 Wie Bedürfnisse unsere Sichtweisen beeinflussen

Mitte der 1990er-Jahre erkrankte der US-amerikanische Psychologe und Universitätsprofessor Steven Reiss lebensbedrohlich. Viele Wochen lag er im Krankenhaus, wo er von den Schwestern und Pflegern aufopferungsvoll gepflegt wurde. Irgendwann stellte er sich die Frage: „Wieso tun diese Menschen das? Was motiviert sie, mich alten und manchmal ziemlich schlecht gelaunten Knacker zu pflegen?" Wieder genesen, begann er schließlich zu forschen und entdeckte eine Lücke in der wissenschaftlichen Motivtheorie. Die individuelle Motivstruktur des Menschen hatte noch kein Wissenschaftler untersucht. Also führte er mehrere große Studien mit vielen Tausend Probanden durch. Er untersuchte, welche „Endmotive menschlichen Handelns" den Menschen antreiben. Am Ende hatte er 16 grundlegende Lebensmotive definiert.

Diese Motive sind die Grundwerte eines Menschen, die seinem Leben einen Sinn geben. Somit sind die 16 Lebensmotive intrinsische Motivatoren, die bestimmen, was uns Energie gibt und was uns Kraft kostet, was uns wichtig ist und was nicht. Die Ausprägung der einzelnen Lebensmotive ist bei jedem Menschen anders, und entsprechend dieser Ausprägung unterscheiden sich die Eigenschaften und Wünsche, wie die Tabelle auf den folgenden Seiten zeigt.

Die 16 Lebensmotive (basierend auf dem Reiss Motivation Profile®)		
gering ausgeprägt	**Motiv**	**stark ausgeprägt**
geführt, dienstleistungsorientiert: *„Ich will mich an anderen orientieren."*	Macht	führend, entscheidend: *„Ich will Einfluss nehmen."*
team-, konsensorientiert: *„Ich will emotional verbunden sein."*	Unabhängigkeit	unabhängig, autark: *„Ich will frei und eigenständig sein."*
praktisch, umsetzungsorientiert: *„Ich will konkret handeln."*	Neugier	wissbegierig, intellektuell: *„Ich will Neues lernen."*
selbstsicher, kritikfähig: *„Ich kann alles schaffen."*	Anerkennung	perfektionistisch, sensibel: *„Ich will anderen gefallen."*
flexibel, spontan: *„Ich will frei sein von Strukturen."*	Ordnung	planvoll, organisiert: *„Ich will Struktur und Sauberkeit."*
großzügig, gebend: *„Ich will generös sein."*	Sparen/ Sammeln	sparsam, bewahrend: *„Ich will Dinge aufheben."*
ziel-, zweckorientiert: *„Ich will nach meinen Regeln leben."*	Ehre	prinzipientreu, loyal: *„Ich will Werte einhalten."*
realistisch, pragmatisch: *„Ich will Gerechtigkeit für mich."*	Idealismus	idealistisch, altruistisch: *„Ich will Gerechtigkeit für alle."*

zurückgezogen, Nähe vermeidend: *„Ich will allein sein."*	**Beziehungen**	gesellig, kontaktfreudig: *„Ich will mit Menschen zusammen sein."*
partnerschaftlich und familiär unabhängig: *„Ich will nicht eingeengt sein."*	**Familie**	fürsorglich, kümmernd: *„Ich will meinen Partner/meine Kinder umsorgen."*
bescheiden, unauffällig: *„Ich will nicht herausgehoben sein."*	**Status**	elitär, herausstechend: *„Ich will gesehen werden."*
harmonieorientiert, ausgleichend: *„Ich will in Harmonie leben."*	**Rache/ Kampf**	wettbewerbsorientiert, kämpferisch: *„Ich will gewinnen."*
asketisch, nüchtern: *„Ich will wenig Sex."*	**Eros**	sinnlich, ästhetisch: *„Ich will häufig Sex."*
hungerstillend und eintönig essend: *„Ich will mich nur ernähren."*	**Essen**	genussvoll, kulinarisch: *„Ich will Essen genießen."*
bequem, gemütlich: *„Ich will körperliche Anstrengung vermeiden."*	**Körperliche Aktivität**	sportlich, athletisch: *„Ich will mich bewegen und fit sein."*
stressrobust, risikobereit: *„Ich will Abwechslung."*	**Emotionale Ruhe**	stresssensibel, ängstlich: *„Ich will vorsichtig sein."*

Antriebsmotor oder Bremse

Reiss vertrat die Theorie, dass die Bedürfniskonstellation zu einem großen Teil genetisch bedingt ist und sich in den ersten acht Jahren des Lebens ausprägt. Ob und wie stark wir unsere individuellen Motive ausleben, wird hingegen durch die Kultur und Umwelt, in der wir leben, sowie durch unsere individuellen Erfahrungen geprägt. Motivausprägungen haben einen großen Einfluss auf unsere Sichtweise.

Überraschende und unübersichtliche Situationen verursachen zum Beispiel bei manchen Menschen Angst. Ihr Bedürfnis nach emotionaler Ruhe, nach Vorausschaubarkeit und Risikominimierung ist wahrscheinlich besonders stark ausgeprägt. Dieses Motiv nimmt Einfluss auf ihre Sichtweise: Ein Dobermann beispielsweise ist für sie wahrscheinlich ein besonders unkontrollierbares und damit gefährliches Tier. Wenn sie darüber hinaus schon einmal eine schlechte Erfahrung mit Hunden gemacht haben, vielleicht sogar gebissen wurden, dann hat sich ihre Sichtweise sogar bestätigt. Diesen Menschen fällt es dann besonders schwer, sich einem unüberschaubaren Risiko bewusst zu stellen. Sie wechseln stattdessen die Straßenseite und tun alles, um der vermeintlichen Gefahr Dobermann nicht zu begegnen.

Aber welche Auswirkung hat dieses Verhalten? Wird das Ergebnis dadurch erstklassig? Ein solcher Mensch betreibt einen ziemlichen Aufwand. Es wäre sicherlich sinnvoller, Sichtweisen und Verhalten so zu ändern, dass man zukünftig leichter mit energieraubenden Situationen dieser Art umgehen kann. Menschen, die keine Angst vor Dobermännern haben, nicken jetzt wahrscheinlich. Aber wie sehen das Menschen, die aufgrund ihrer Erfahrungen gelernt haben, Risiken zu vermeiden? Wie können sie bessere Ergebnisse erzielen? Nur durch einen Perspektivenwechsel! Das geht natürlich nicht über Nacht, denn wie schon erwähnt: Bewusste oder unbewusste Sichtweisen sind tief verankert. Es bedarf einer intensiven Selbstreflexion und einer entsprechenden Disziplin, die Perspektive zu wechseln und anders auf die Welt zu schauen.

Bei der Angst vor Hunden können Therapeuten dabei helfen, gezielt Begegnungen mit Hunden zu suchen und so Vertrauen zu diesen Tieren zu entwickeln. Viele Menschen haben Ängste und Phobien erfolgreich überwunden – zum Beispiel ihre Flugangst, weil ihr Job es verlangte. Oder sie traten die Reise in ein exotisches Land an, obwohl dort Millionen Insekten leben, vor denen sie sich ekeln oder sogar ängstigen – hier spreche ich aus eigener Erfahrung:

Mit Mitte 20 war ich mit meinem damaligen Freund für sechs Monate in Australien. Weil wir uns keine teure Unterkunft leisten konnten, mieteten wir uns in ein einfaches Motel ein. Als ich eines Morgens nach dem Duschen die Schublade aufzog, sprang ich direkt kreischend aufs Bett: Ich sah ein halbes Dutzend fette, rötlich-braune Kakerlaken, die sich unter und in meiner Unterwäsche verkrochen. Es vergingen ein paar Minuten, in denen ich einfach nur wie gelähmt auf dem Bett stand. Dann nahm ich all meinen Mut zusammen und griff mit angewidertem Blick und spitzen Fingern in die Schublade, holte eine Unterhose raus und schüttelte sie. Eine Kakerlake nach der anderen fiel auf den Boden und krabbelte unter die Kommode. Die folgenden Abende sahen so aus: Ich saß auf dem Bett, alle Extremitäten eng an den Körper gezogen, und heulte vor mich hin. So lange, bis mein Freund von der Arbeit nach Hause kam und mich beruhigte.

Den Ekel vor Insekten hatte ich wahrscheinlich von meiner Mutter „gelernt". Sie konnte auch wunderbar kreischen, wenn sie irgendwo eine Spinne sah. Dann musste mein Vater sie „retten".

Als ich also den vierten Abend in Folge auf dem Bett saß, machte es irgendwann Klick in meinem Kopf: Ich wollte diese Abhängigkeit von einem anderen Menschen nicht mehr, sondern unabhängig sein – auch in Situationen, die mir sehr viel abverlangten oder starkes Unwohlsein auslösten. Dieser Wunsch nach Autarkie war so stark, dass ich mich immer wieder überwand, bis ich gelernt hatte, mich selbst vor den Insekten zu „retten".

Heute habe ich immer noch keine Insektenfarm zu Hause, aber ich schaffe es, ein Glas über Insekten jeglicher Art zu stülpen und die Krabbelviecher lebend zurück nach draußen zu bringen.

Die Motive des anderen verstehen

Ein Mensch mit einem ausgeprägten Ehre-Motiv sieht, wie ein Autofahrer seinen Wagen auf einem Behindertenparkplatz abstellt. Einen Behindertenausweis hat er nicht. „Unglaublich", denkt sich der Beobachter.

In diesem Beispiel treffen konträre Motivausprägungen aufeinander: ein ausgeprägtes Ehre-Motiv und der Gegenpol, eine ausgeprägte Ziel- und Zweckorientierung. Hinzu kommen zwei grundverschiedene Sichtweisen: „So etwas tut man nicht" versus „Ich muss doch nur mal kurz Brötchen holen, halb so wild". Auch wenn die Beteiligten ihre Motive und Sichtweisen für völlig verständlich halten, ist das Ergebnis, wenn beide Parteien aufeinandertreffen, alles andere als ein 5-Sterne-Ergebnis. Schließlich streiten sie sich schon morgens um acht, nur um ihre Sicht der Dinge zu verteidigen.

Was würde passieren, wenn die Personen aus dem Beispiel die Perspektive des jeweils anderen einnähmen? Sie könnten die Motive, die Sichtweise und letztlich das Verhalten des anderen reflektieren und somit vielleicht sogar nachvollziehen und akzeptieren. Sie müssten es deswegen noch lange nicht gut finden, aber immerhin wäre klar, dass keiner dem anderen etwas Böses will. Und das ist ja häufig schon der erste wichtige Schritt, um schlechte Gefühle ein Stück weit zu reduzieren.

Nun fragen Sie sich vielleicht, wie Sie denn überhaupt Ihre Bedürfnisse ausleben sollen, wenn man sich doch auch mit denen der anderen arrangieren muss. Dazu gibt es viele Möglichkeiten – und zwar ohne Beziehungen zu Menschen zu gefährden, die andere Motivausprägungen haben. Es reicht oft schon, darüber zu sprechen und vielleicht sogar gemeinsam zu überlegen, wie alle ihre Bedürfnisse befriedigen könnten, ohne einander zu verletzen, zu nerven oder zu ärgern.

Tipp: Hören Sie auf, sich andere Menschen anders zu wünschen. Das ist Energieverschwendung – vor allem wenn es Menschen sind, mit denen Sie täglich zu tun haben. Sprechen Sie über Ihre Erwartungshaltung, verteilen Sie Vorhaben und Aufgaben so, dass jeder seine Motive befriedigen kann. Beachten Sie dabei: Motive beeinflussen sich gegenseitig, sie wirken selten allein.

Steven Reiss definierte 16 Lebensmotive, die unsere Sichtweisen und unser Verhalten bestimmen. Wenn die Ausprägung dieser Motive gegensätzlich ist, fällt es schwer, die Sichtweise des anderen nachzuvollziehen. Ist man sich dieser Unterschiede aber bewusst, kann der Perspektivenwechsel gelingen.

30

2.2 Bedürfnisse erkennen und nutzen

Wissen Sie, was Sie motiviert, was Sie antreibt und welche Motive Sie „ärgern" und Ihnen Energie rauben? Auf Basis der 16 Lebensmotive können Sie Ihre Bedürfnisse gezielt reflektieren. Schauen Sie sich dazu erneut die Tabelle im vorherigen Kapitel an und lesen Sie sich auch die Beschreibungen der verschiedenen Ausprägungen auf beiden Seiten durch. Wo sehen Sie sich? Denken Sie nicht zu lange darüber nach, sondern entscheiden Sie intuitiv aus dem Bauch heraus und markieren Sie die Stelle bei jedem Motiv mit einem Kreuz:

Motiv	schwach	mittel	stark
Macht			
Unabhängigkeit			
Neugier			
Anerkennung			
Ordnung			
Sparen/Sammeln			
Ehre			
Idealismus			
Beziehungen			
Familie			
Status			
Rache/Kampf			
Eros			
Essen			
Körperliche Aktivität			
Emotionale Ruhe			

Schauen Sie sich nun das Ergebnis an und stellen Sie sich die folgenden Fragen:

- Welche Lebensmotive kommen in Ihrem Alltag am meisten – und vielleicht etwas zu oft – zum Tragen?
- Welche finden zu selten Berücksichtigung?

Das Schöne und gleichzeitig Erschreckende ist, dass Sie durch die Reflexion zu spüren beginnen, wann welches Motiv befriedigt wird oder unbefriedigt bleibt. Dadurch werden Sie zukünftig mit vielen Situationen entspannter umgehen können – vor allem mit sich selbst.

Die Motive von anderen berücksichtigen

Wenn Sie die Motive Ihrer Mitmenschen besser einschätzen können, wird sich die Interaktion mit diesen maßgeblich verbessern. Sie werden regelmäßig die Brille des anderen aufsetzen und lernen, die Welt aus seiner Perspektive zu sehen. So werden Erwartungen offener kommuniziert. Klare Vereinbarungen helfen dabei, sich bei der Berücksichtigung der ausgeprägten Motive gegenseitig zu unterstützen. Das ist sowohl im Privatleben als auch im Unternehmensalltag möglich, wie das folgende Beispiel deutlich macht.

2010 nahm ein Team aus 14 europäischen Einkäufern eines Lebensmittelkonzerns an einem Seminar von mir teil. Während des zweitägigen Workshops ging es darum, die eigenen Motivausprägungen und die der Kollegen in der Teamarbeit besser zu verstehen und zu nutzen. Es gab ein Motiv, das bei den Teilnehmern geradezu herausstach, weil es – außer bei einem Teammitglied – hoch ausgeprägt war: das Familien-Motiv. Dieses ist zwar ein eher privat auslebbares Motiv, doch es nimmt häufig großen Einfluss auf den beruflichen Bereich. Wenn Menschen besonders fürsorglich für ihre Familie da sein wollen und können, schlägt sich das auch positiv in ihrer beruflichen Motivation und Produktivität nieder. Die Erkenntnis des stark ausgeprägten Familien-Motivs aller zog am Ende des Seminars einige Entscheidungen nach sich, unter anderem wurde einstimmig beschlossen, dass keine Präsenzmeetings mehr an Freitagen nach 15.00 Uhr stattfinden. Somit war es jedem möglich, das Wochenende bei seiner Familie zu verbringen.

Motive in Balance bringen

Ich habe ein hoch ausgeprägtes Ordnungs-Motiv und strebe nach emotionaler Ruhe. Ich bin entspannt und zufrieden, wenn alles gut vorbereitet, geplant und organisiert ist. Unpünktlichkeit gibt es bei mir nicht. Ich mag Routineaufgaben und liebe Vorausschaubarkeit. Permanente Veränderungen oder Aufgaben mit hohem Risikofaktor treiben bei mir den Adrenalinspiegel in die Höhe. Mein Job bringt es allerdings mit sich, dass ich viel reisen und in Hotels übernachten muss. Es gibt Tage, da wache ich morgens auf und weiß nicht, in welchem Hotel und in welcher Stadt ich gerade bin – für einen Menschen mit einem ausgeprägten Ordnungs-Motiv sowie einem Streben nach emotionaler Ruhe ist das anstrengend.

Vielleicht denken Sie jetzt: „Dann soll sie sich doch einen anderen Job mit Routinen und Vorausschaubarkeit suchen!" Verständlich! Das Problem ist aber: Ich liebe meinen Job. Er befriedigt sehr viele meiner anderen Motive. Also habe ich einen Ausgleich gefunden! Ich sorge so oft wie möglich für Situationen, in denen viel Ordnung, Stabilität und Routinen möglich sind:

An meinem „heiligen" Sonntag zum Beispiel. Da hege und pflege ich mein Motiv der emotionalen Ruhe und tue nur Dinge, die mich entspannen und mir Sicherheit geben. Und wenn ich nach meinen Seminarreisen zurück in unser Institut in Köln komme, mache ich als Erstes einen Rundgang, räume auf, rücke Gegenstände gerade oder stelle sie wieder dahin, wo sie hingehören. Hin und wieder schimpfe ich mit den Mitarbeitern, die meinem Anspruch an Ordnung nicht gerecht werden (können). Kurz: Ich lebe mein Ordnungs-Motiv genussvoll aus.

Wir alle kennen die Motivkonstellationen der anderen am Institut. Daher streiten wir nicht mehr über Ordnung. Jeder bemüht sich, den Vorteil der Motivprägung des anderen wertzuschätzen. Ich erwarte nicht mehr, dass mein Kompagnon und unsere Mitarbeiter den gleichen Ordnungsanspruch haben wie ich.

Der einzige Mensch, der Ihnen zu einem zufriedeneren Leben verhelfen kann, sind Sie selbst! Dieses wird nur möglich, wenn Sie Ihre Motivkonstellation und die der Menschen in Ihrem Umfeld kennen und berücksichtigen.

Eine Orientierung geben Ihnen hierbei die 16 Lebensmotive nach Reiss, die unterschiedlich stark ausgeprägt sein können: Macht, Unabhängigkeit, Neugier, Anerkennung, Ordnung, Sparen/Sammeln, Ehre, Idealismus, Beziehungen, Familie, Status, Rache/Kampf, Eros, Essen, körperliche Aktivität und emotionale Ruhe.

30 MINUTEN

3. Zweiter Stern: Sichtweisen

Wäre die Interaktion mit anderen nicht einfacher, wenn wir nicht erst unsere Sichtweisen erklären und oft auch rechtfertigen müssten? Doch das Leben ist leider nicht immer einfach und Sichtweisen sind wesentlich vielschichtiger als Bedürfnisse. Stephen R. Covey beschrieb die Sichtweisen eines Menschen als mentale Landkarte. In seinen Seminaren über die *7 Wege zur Effektivität* erzählte er dazu eine Geschichte: Ein Mann suchte auf seiner Karte eine bestimmte Straße in San Francisco – vergebens. Denn obwohl die Ortsbezeichnung „San Francisco" aufgedruckt war, handelte es sich um eine Karte von Los Angeles. Was meinen Sie? Hätte der Mann die Straße gefunden, wenn er sich nur etwas mehr Mühe gegeben hätte? Wohl eher nicht. Mit der Karte von Los Angeles in den Händen wird er die gesuchte Straße in San Francisco nicht finden, geschweige denn dort ankommen – egal, wie sehr er sich auch anstrengt. Und genauso verhält es sich auch mit unseren Sichtweisen. Wenn diese einfach nicht passen, wird es schwierig sein, das gewünschte 5-Sterne-Ergebnis zu erzielen.

3.1 Wie unsere Sichtweisen entstehen

Unsere persönlichen Sichtweisen sind von verschiedenen Einflüssen abhängig: zum einen von unseren Lebensmotiven, zum anderen von unserer Erziehung, der Kultur und der Umwelt, in der wir aufwachsen. Schule, Freunde, Verwandte, Lebenspartner etc. ebenso wie persönliche Erlebnisse und Erfahrungen prägen einen Menschen. Denken Sie beispielsweise an die Dobermann-Geschichte. Wenn Sie schon einmal von einem Hund gebissen wurden oder gesehen haben, wie jemand gebissen wurde, dann wird dieses Erlebnis Ihre Sicht auf Hunde und somit auch Ihr Verhalten bei zukünftigen Hundebegegnungen prägen.

Der „soziale Spiegel"

Für den Einfluss der Gesellschaft auf unsere Sicht- und Verhaltensweisen prägte Covey den Begriff des „sozialen Spiegels" (Covey, 2006, S. 80ff.). Dieser Spiegel wird uns schon in den ersten Jahren unseres Lebens von unseren Eltern und der Gesellschaft vorgehalten – damit wir lernen, wie wir auf die Welt schauen sollen und uns in ihr zu verhalten haben. Erinnern Sie sich noch daran, wie gut Sie im Kindergartenalter singen oder malen konnten? Auch wenn Ihr Gesang nach einer Kreissäge klang und Ihre Bilder aussahen, als wären die Wasserfarben darauf ausgelaufen – als Kind wurden Sie immer gelobt. Wenn ich Sie heute fragen würde, wie gut Sie singen, malen, turnen oder schreiben können, würden Sie dann auch noch voller Überzeugung sagen: „Ich kann das sehr gut!"? Wohl nicht, es sei denn, Sie sind Sänger, Maler, Profisportler oder Schriftsteller. Im Laufe Ihres Lebens wurden Sie durch Feedback, Vergleiche oder andere Sichtweisen auf den Boden der Tatsachen zurückgeholt. Sie haben Ihre Fähigkeiten hinterfragt, oder Ihnen wurde gezeigt, was gute Malerei bedeutet, wie guter Gesang klingt und was gutes Schreiben ausmacht. So haben Sie vielleicht gelernt, dass die Messlatte für diese Fähigkeiten ziemlich hoch hängt und dass Sie sie nicht erreichen werden. Dafür hat der soziale Spiegel gesorgt. Letztendlich bestimmt er, was gut und was schlecht, richtig und falsch ist.

Das folgende Beispiel aus meiner Kindheit hat mich bis ins Erwachsenenalter geprägt:

In der ersten und zweiten Klasse hatte ich Probleme mit dem Rechnen. Aber ich war nicht dumm und so half mir mein Einfallsreichtum, die Matheaufgaben doch zu lösen. Zum Addieren oder Subtrahieren nahm ich meine Finger zur Hilfe – natürlich heimlich unter dem Tisch. Und beim Kopfrechnen halfen mir kreative Eselsbrücken dabei, mir die richtigen Lösungswege zu merken. Mein Vater durchschaute meine Methoden natürlich sofort und zog mich regelmäßig auf: „Kind, du kannst es einfach nicht. Da helfen dir auch deine Eselsbrücken und die Finger unter dem Tisch nichts." Also wuchs ich mit der festen Überzeugung auf: Ich kann nicht rechnen und werde es auch nie lernen.

Diese Sichtweise änderte sich, als ich mit 35 Jahren Hotel-direktorin wurde. Jeden November musste ich ein Budget-Forecast für die Umsätze und Kosten meines Hotels in der Zentrale einreichen. Das war soweit kein Problem, denn gewöhnlich half mir mein Financial Controller bei dieser umfangreichen Aufgabe. Doch dann kam der November, in dem er erkrankte und während der Budgetphase für mehrere Wochen ausfiel. Also musste ich alleine damit fertigwerden. Und da saß ich nun: vor mir unzählige Excel-Tabellen mit irgendwelchen unergründlichen Formeln. Ich war wie paralysiert, sah nur noch Zahlen und Formeln vor meinen Augen tanzen und hatte nicht die geringste Ahnung, wie ich durch diesen Wirrwarr durchsteigen sollte. Aber ich hatte keine Wahl, ich musste es irgendwie hinkriegen. Wie schon in der Grundschule half mir auch hier mein Einfallsreichtum: Ich rief einen Direktoren-Kollegen an und bat ihn, mir seinen Controller für ein paar Tage auszuleihen. Ich wollte und musste lernen, wie man diese Tabellen ausfüllt und pflegt. Mit unbändigem Ehrgeiz ging ich an die Sache ran – und verstand nach und nach die Logik hinter den Zahlen und Formeln.

Heute, 18 Jahre später, bin ich ein Excel-Fan. Ich pflege meine Umsatz-Übersichten, weiß, wie sich die Zahlen zusammensetzen. Jedes Jahr im November erstelle ich ein Forecast. Heute würde ich meinem Vater sagen: „Siehst du, ich kann rechnen. Und mehr noch: Ich kann mit Zahlen umgehen."

Die sich selbsterfüllende Prophezeiung, die meine Sichtweise von Kindheit an geprägt hatte, hatte sich in

Luft aufgelöst. Mit 35 Jahren hatte ich einen Perspektivenwechsel geschafft. Ich konnte anders auf die Situation schauen, weil ich es wollte. Klingt einfach, ist es aber wie so oft nicht. Wenn wir die Notwendigkeit eines Perspektivenwechsels nicht erkennen und die Gelegenheit dazu nicht nutzen, kann es auch nicht dazu kommen. Natürlich können wir hoffen, dass uns die Menschen um uns herum ständig darauf stoßen und uns zum Perspektivenwechsel animieren. Doch letztlich müssen wir aus uns selbst heraus einen Mechanismus entwickeln, um unsere Wahrnehmung zu schulen. Denn nur durch bewusste Wahrnehmung und Reflexion werden wir in die Lage versetzt, die Perspektive zu wechseln und zu erkennen, welche Sicht- und Verhaltensweisen 5 Sterne-Ergebnisse fördern.

Wollen Sie andere, bessere Ergebnisse, dann müssen Sie anders auf das Thema schauen. Dann sorgt Ihr Gehirn automatisch dafür, dass Sie sich anders verhalten und somit die Ergebnisse erzielen, die Sie sich wünschen. Hätte ich nicht den Ehrgeiz gehabt, den Forecast auch ohne meinen Controller zu erstellen, dann hätte ich mich niemals freiwillig mit meiner „Zahlenphobie" auseinandergesetzt. Obwohl mein Vater mich mit meiner vermeintlichen Rechenschwäche aufzog, hat er mir doch auch einen weisen Satz mit auf den Weg gegeben: „Frauke, sag nicht, du kannst es nicht, sag lieber, du willst es nicht." Damit hatte er recht. Wenn man seine Sicht- und Verhaltensweisen ändern möchte, dann kann man es auch.

Perspektivenwechsel – eine Entscheidung

Wenn Sie wollen, dann können Sie sich der Beeinflussung durch den sozialen Spiegel und sich selbsterfüllende Prophezeiungen bewusst entziehen. Glauben Sie, Sie können nicht aus Ihrer Haut? Oder haben Sie nie daran geglaubt, dass Sie es können? Die Entscheidung, die Perspektive zu wechseln, liegt bei Ihnen und nicht bei den anderen. Das ist nicht einfach, denn oft reagieren wir instinktiv, aus dem Bauch heraus. Aber wir haben ja auch noch einen Kopf, den wir ganz bewusst nutzen können: Wir sind in der Lage, unser Verhalten zu reflektieren und kognitiv zu beeinflussen. Wir haben heute Mittel und Wege, unsere Persönlichkeit besser zu verstehen. Wir können unsere intrinsischen Antreiber „messen" und Sichtweisen definieren – Letzteres ist zwar mit großer Anstrengung verbunden, mit Fokus auf das Ergebnis kann es aber gelingen, nicht förderliche Sichtweisen zu überdenken, neu aufzustellen oder zu eliminieren.

30 *Wir haben uns alle bewusst oder unbewusst für das Leben in und mit der Gesellschaft entschieden. Das hat zur Folge, dass wir auch einige der Erwartungshaltungen und Sichtweisen übernehmen, die von dieser Gesellschaft gefordert werden. Das ist auch völlig in Ordnung, solange wir das reflektiert tun.*

3.2 Sichtweisen beeinflussen Beziehungen

Wir haben unterschiedliche Sichtweisen, weil wir in unterschiedlichen Kulturen unterschiedliche Erfahrungen gemacht haben. Aber auch Menschen mit ähnlichen Erfahrungen und einem ähnlichen kulturellen Hintergrund empfinden vergleichbare Situationen häufig unterschiedlich. Entscheidend ist, dass wir die Individualität eines Menschen nicht nur tolerieren, sondern akzeptieren. Das klingt zwar trivial, im Alltag kann diese Einstellung aber oft für eine große Erleichterung sorgen. Das folgende Erlebnis beispielsweise hat mein Leben und meine Sicht auf die Dinge entscheidend beeinflusst:

„Frauke, weißt du, was heute passiert ist ...?", so begrüßte mich eine Freundin aufgeregt. Ich wusste es natürlich nicht, aber sie verriet es mir sofort: Ihre 15-jährige Tochter war in der Schule beim Rauchen erwischt worden. Ich dachte nur: „Ach so, ich hatte schon befürchtet, es wäre etwas Ernstes. Aber das war ja absehbar: Alle Jugendlichen probieren es irgendwann einmal aus." Mir lagen diese Worte schon auf der Zunge. Doch im letzten Moment erkannte ich, dass ich mich gerade von meinen Sichtweisen lenken ließ. Mein Bauchgefühl sagte mir: „Frauke, Klappe halten und zuhören." Wir setzten uns an den Küchentisch. „Frauke, Klappe halten und zuhören ..." So vergingen die ersten Minuten. Irgendwann gelang es mir, mich auf ihre Schilderung der Situation einzulassen – und am Ende handelte ich anders als bisher in ver-

gleichbaren Situationen. Ich stellte folgende Frage:
„Möchtest du meine Meinung dazu hören?" Die Antwort
meiner Freundin kam direkt und fühlte sich wie eine
schallende Ohrfeige an. „Nein", sagte sie. „Ich wollte mir
das einfach nur von der Seele reden."

In diesem Moment hatte ich es begriffen: Manchmal ist
es sinnvoll, einfach nur zuzuhören, mit der Absicht, zu
verstehen – und nicht mit der Absicht, zu antworten.

Erwartungshaltungen klar formulieren

Wenn ich das obige Beispiel erzähle, bin ich immer wieder aufs Neue dankbar. Denn ohne dieses einschnei-
dende Erlebnis hätte ich meine Erkenntnisse rund um
das Thema Perspektivenwechsel nicht erlangt. Gerade
wenn Beziehungen im Spiel sind, ist dieser Weg zuge-
gebenermaßen sehr schwierig, er fördert das Zwischenmenschliche aber ungemein. Bevor Sie Energie in
den Perspektivenwechsel stecken, sollten Sie sich aber
immer erst fragen: Wie wichtig ist mir diese Beziehung? Dann entscheiden Sie, ob Sie bereit sind, Ihre eigene Sichtweise für diesen Menschen zurückzustellen.
Beziehungen haben immer einen Nutzen. Oft ist dieser
Nutzen Liebe – und dafür lohnt sich der Energieauf-
wand allemal, denn Liebe ist ein erstrebenswertes Ergebnis. Ein Ergebnis, das intrinsische Motive befriedigt,
und damit sind wir wieder bei der Kausalität des
5-Sterne-Prinzips.

Apropos Liebe. Hier noch ein amüsantes Beispiel, das
zwar etwas überspitzt mit Klischees spielt, dabei aber

sehr schön illustriert, wie stark unterschiedliche Sicht-weisen Beziehungen beeinflussen können:

Tagebucheintrag einer Frau:
„Am Samstagabend hat er sich sehr seltsam verhal-ten. Wir waren verabredet und wollten etwas trinken gehen. Leider kam ich zu spät. Vielleicht war er des-wegen sauer. Irgendwie kam unser Gespräch nicht wirklich in Fluss. Er war sehr schweigsam und wirkte irgendwie abwesend. Ich nahm mir ein Herz und frag-te ihn, ob er irgendetwas hätte. Er verneinte und sagte nur knapp: ‚Es ist nichts.' Ich fragte ihn schließ-lich, ob er wegen irgendetwas sauer auf mich sei. Er antwortete, dass es nichts mit mir zu tun habe und ich solle mir keine Sorgen machen. Ihm wäre heute nur nicht so nach reden zumute. Aha, er hatte also doch etwas! Aber was, das wollte er nicht sagen. Auf der Fahrt nach Hause saßen wir schweigend nebeneinan-der im Auto. Dann habe ich ihm gesagt, dass ich ihn liebe. Aber er reagierte nicht und fuhr einfach weiter – ohne etwas zu erwidern. Warum hat er nicht einfach gesagt: ‚Ich liebe dich auch'? Ich verstehe es einfach nicht. Als wir dann zu Hause ankamen, war ich mir sicher: Ich habe ihn verloren. Er liebt mich einfach nicht mehr. Was soll ich bloß tun?"

Würde *er* ein Tagebuch schreiben, wäre der Eintrag deutlich kürzer:

Tagebucheintrag ihres Partners:
„Der FC hat heute verloren, und das auch noch ge-gen Gladbach. Ansonsten war nichts Besonderes."

Unterschiede akzeptieren und reflektieren

Klar, jetzt können wir es uns einfach machen und sagen: Mann und Frau sind nun mal unterschiedlich. Doch das wäre mir zu banal. Sicher führen die biologischen Unterschiede zwischen Mann und Frau und auch die gesellschaftliche Prägung zu unterschiedlichen Sichtweisen, dennoch verfügen beide Geschlechter über einen Intellekt, der es ihnen ermöglicht, diese Unterschiedlichkeit zu reflektieren und die andere Sichtweise nicht als „falsch" abzutun, sondern in ihrer Andersartigkeit zu akzeptieren.

Nicht selten neigen wir jedoch dazu, Situationen und Verhaltensweisen zu interpretieren, zu bewerten, zu verurteilen. Und diese Interpretation ist immer subjektiv und eng verbunden mit der eigenen Sichtweise. Leider gibt es kein Patentrezept, wie sich Fehlinterpretationen vermeiden lassen. Aber durch die Reflexion von schwierigen zwischenmenschlichen Situationen und scheinbar nicht nachvollziehbaren Verhaltensweisen können wir eine Menge erreichen. Dazu sollten wir uns die folgenden Fragen stellen:

- Inwiefern bin ich die Ursache des Problems?
- Liegt es an meinen Werten und Sichtweisen?
- Erwarte ich, dass sich der andere anders verhält, als er es tut?

Bezogen auf das Tagebuch-Beispiel könnte sich die Frau, bevor sie die Beziehung komplett infrage stellt, fragen: „Erwarte ich von ihm, dass er versteht, dass sein Schweigen in mir schlechte Gefühle auslöst? Wieso erklärt er mir nicht, was los ist?" Tja, warum sagt er eigentlich nicht einfach: „Schatz, der FC hat heute ein wichtiges Spiel verloren und ich bin deshalb schlecht drauf"? Das wäre doch naheliegend, oder? Ja, vielleicht für viele Frauen und für den einen oder anderen Mann auch, aber nicht für jeden Menschen. Denn es ist eine Frage der Perspektive: Für ihn war es einfach kein guter Tag. Der FC hat verloren, und das auch noch gegen Gladbach. Punkt. Sie bezieht seine Stimmung nun aber auf sich und malt sich die schlimmsten Horrorszenarien aus. Und das – sehen Sie es mir bitte nach, liebe Geschlechtsgenossinnen – tun wir Frauen sehr oft und mit viel Fantasie.

Unsere Sichtweisen basieren auf unseren Bedürfnissen, aber auch auf unserer gesellschaftlichen Prägung. Es lohnt sich, sich die eigenen Sichtweisen bewusst zu machen, sie zu reflektieren und sie – falls sie nicht förderlich sind – zu ändern.
In zwischenmenschlichen Beziehungen können unterschiedliche Sichtweisen zum Problem werden. Wenn Sie die Ursachen von Sichtweisen nicht kennen, Ihnen die Beziehung zu einem anderen Menschen aber so wichtig ist, dass Sie daran arbeiten möchten, dann fragen Sie nach, um den anderen besser zu verstehen. Und dann führen Sie sich vor Augen, wie viel Sie bewirken können, indem Sie an Ihren eigenen Sichtweisen arbeiten.

30 MINUTEN

4. Dritter Stern: Gehirn

Das Gehirn spielt innerhalb des 5-Sterne-Prinzips eine wichtige Rolle. Denn ohne die durchschnittlich 1.375 Gramm (männlich) bzw. 1.245 Gramm (weiblich) schwere Schwabbelmasse in unserem Kopf hätten wir keine Motive und Sichtweisen, geschweige denn Verhaltensweisen. Im 5-Sterne-Prinzip kann das Gehirn am Anfang, in der Mitte oder am Ende stehen, denn es nimmt innerhalb der Kausalität Einfluss auf den gesamten Prozess – egal, von welcher Perspektive aus man es betrachtet. Das Gehirn ist das Übertragungsorgan, das Motive und Sichtweisen in ein bestimmtes Verhalten übersetzt.

4.1 Wie Automatismen funktionieren

Lange Zeit war die Wissenschaft überzeugt, dass das Gehirn eines Erwachsenen „fest verdrahtet" sei. Heute weiß man jedoch: Gewohntes, automatisiertes Verhalten lässt sich verändern, indem neuronale Verbindungen umstrukturiert werden. Wir können selbst ausgetretene Gedankenpfade, die wir über lange Zeit gegangen sind, verlassen und neue Wege gehen – zu jeder Zeit und in jedem Alter. Der Fachbegriff für die Fähigkeit, unser Denken und Handeln bewusst zu steuern und dadurch unser Gehirn zu verändern, lautet Neuroplastizität. Damit diese Veränderung in Gang kommen kann, müssen bestimmte Automatismen außer Kraft gesetzt und handlungsbestimmende Emotionen kontrolliert werden. Ein schwieriges Unterfangen, denn bekanntlich werden wir stark von Emotionen geleitet.

Automatismen bestimmen unseren Alltag

Viele Verhaltensweisen passieren einfach. Wir müssen nicht über sie nachdenken oder sie bewusst ausführen. Das Autofahren ist dafür ein gutes Beispiel: Erinnern Sie sich an Ihre erste Fahrstunde? Wahrscheinlich haben Sie über jeden Schritt genau nachgedacht: Kupplung treten, Gang einlegen, Kupplung kommen lassen und leicht Gas geben. Und dann auch noch die ganzen Verkehrsschilder, der Schulterblick und die anderen Verkehrsteilnehmer – Autofahren war am Anfang ziemlicher Stress! Über die Jahre wurde das Autofahren im Gehirn automatisiert. Wir sind deshalb nicht nur problemlos in der Lage, Auto zu fahren, sondern können parallel auch noch andere Dinge tun – was natürlich nicht immer ratsam ist. Das Autofahren ist zur Gewohnheit geworden, ein automatisiertes Verhaltensmuster, das fest im Gehirn verankert ist.

Je öfter wir eine Handlung durchführen, desto stärker werden die entsprechenden Zellen im Gehirn verknüpft. Hier greift das Gesetz der Wiederholung: Wenn wir immer wieder die gleichen Denk- und Verhaltensmuster „abspulen", dann entwickelt sich irgendwann eine vertraute, gewohnte und einfache Art des Denkens, Handelns und Seins. Was genau in diesen „Muster-Schubladen" steckt, ist individuell verschieden.

Selbstversuch: Falten Sie Ihre Hände so, wie Sie sie immer falten. Wie fühlt sich das für Sie an? Normal, oder? Sie falten Ihre Hände auf eine gewohnte und automatisierte Art und Weise, ohne vorher darüber nachzudenken.
Nun falten Sie Ihre Hände bitte anders: Verschieben Sie Ihre Finger einen Zwischenraum nach oben oder nach unten, sodass nun der andere Daumen oben liegt. Wie fühlt sich das an? Seltsam? Ungewohnt? Wahrscheinlich.
Doch würden Sie ab heute die Hände jeden Tag genau so falten, würde es sich irgendwann richtig anfühlen. So funktioniert die „Umprogrammierung" unseres Gehirns!

Wenn wir die gewohnten neuronalen Pfade verlassen, wird sich das zunächst seltsam anfühlen. Doch je öfter und intensiver wir üben, desto leichter wird uns die Veränderung fallen.

Emotionale Konditionierung

Gefühle nehmen entscheidenden Einfluss auf unser Handeln. Was welche Emotionen auslöst, ist individuell verschieden – der eine freut sich über Dinge, unter denen der andere leidet –, da Menschen emotional unterschiedlich geprägt bzw. konditioniert wurden: Jede Handlung und jedes Erlebnis hat eine positive, negative oder neutrale Konsequenz. Diese wird vom Gehirn unbewusst oder bewusst wahrgenommen, mit einem passenden „Etikett" versehen und in einer bestimmten Schublade des Erfahrungsgedächtnisses abgelegt. Wenn wir dann das nächste Mal in eine vergleichbare Situation kommen, stuft das Gehirn diese als „bekannt" ein und holt die Emotionen aus der Schublade wieder hervor. Wer beispielsweise von einer bestimmten Person mehrfach schlecht behandelt wird, verknüpft diese Erfahrungen mit einem schlechten Gefühl – das wiederum macht es schwer, eine positive Beziehung zu dieser Person aufzubauen. Schwer, aber nicht unmöglich! Wir können Herr über unser Gehirn werden und unser Verhalten ändern, wenn wir verstehen, warum welche Gefühle in uns ausgelöst werden und zu bestimmten Sichtweisen führen. Der erste Schritt dazu ist, unsere Bedürfnisstruktur zu kennen. Eine Verhaltensänderung wird erst dann möglich, wenn sie unsere Bedürfnisse befriedigt. Bedürfnisbefriedigung bedeutet: positive Gefühle erzeugen, negative Gefühle vermeiden. Das hat zur Folge, dass wir häufig einen großen Bogen um das Unbekannte machen, weil dort schlechte Gefühle lauern könnten. Lieber bleiben wir in unserer sicheren Komfortzone und genießen die guten Gefühle, die Bestätigung.

Um bessere Ergebnisse zu erreichen bzw. einen Perspektivenwechsel vollziehen zu können, müssen wir häufig Gewohnheiten ändern und somit andere synaptische Verbindungen aktivieren.

4.2 Reflexion und mentales Üben

Die Perspektive zu wechseln setzt voraus, dass man sich und andere versteht. Theoretisch klingt das einfach, in der Praxis ist es das aber leider häufig nicht. Denn jeder Mensch hat individuelle Sicht- und Verhaltensweisen und damit eine individuelle neuronale Struktur entwickelt. Was den einen motiviert, motiviert den anderen noch lange nicht. Und nur, weil ich die Welt so oder so sehe, muss der andere sie noch lange nicht genauso sehen. Was motiviert mich, was den anderen? Welche Sichtweise habe ich und wie sieht der andere die Situation? Bevor wir eine Botschaft vermitteln und Ergebnisse festlegen, sollten wir uns diese Fragen immer wieder stellen. Durch sie machen wir uns bewusst, dass die

Botschaft, die wir dem anderen senden, bzw. das Ergebnis, das wir von ihm erwarten, von ihm ganz anders beurteilt werden kann. Die Beurteilung einer Botschaft hängt davon ab, welche Emotionen sie auslöst. Im Idealfall hat sie eine ähnliche Bedeutung für den Empfänger wie für den Sender, ist bei beiden mit positiven Emotionen verknüpft. Dann versteht man sich, empfindet ähnlich und ist sich über das angestrebte Ergebnis einig. Oft ist es aber leider anders: Zwei Menschen verbinden eine Sache mit unterschiedlichen Gefühlen – und geraten in einen Konflikt. Neben dem „Erkenne dich selbst!", das schon am Tempel in Delphi zu lesen war, ist also auch „Erkenne den anderen!" ein wichtiger Leitsatz.

Ein Geschenk der Evolution

Hinter der Stirn, direkt über den Augen befindet sich der Sitz der Persönlichkeit – das, was uns zu dem Menschen macht, der wir sind: der Stirnlappen bzw. Frontallappen. In der Evolution hat sich dieser Teil des Gehirns als Letztes entwickelt. Seine Aufgabe ist, die anderen, älteren Teile des Gehirns zu steuern. Ohne den Frontallappen gäbe es unser Ich nicht, denn hier ist unsere Selbstbestimmung, unser Bewusstsein und unser freier Wille beheimatet. Stephen R. Covey definierte in diesem Zusammenhang vier menschliche Begabungen, die uns letztendlich von anderen Lebewesen unterscheiden (Covey, 2006, S. 83ff.):

- **Selbstwahrnehmung**: die Fähigkeit, unsere Gedanken, Gefühle und Verhaltensweisen zu reflektieren.

- **Vorstellungskraft**: die Fähigkeit, uns Dinge außerhalb unserer Erfahrung vorzustellen.
- **Gewissen**: unser Verständnis von Richtig und Falsch.
- **Freier Wille**: unsere Fähigkeit, unabhängig von äußeren Einflüssen zu handeln.

Der Frontallappen ist demnach für unsere Handlungen und Sichtweisen maßgeblich verantwortlich – ein großes Geschenk der Evolution, denn er gibt uns die Möglichkeit, genetisch vorprogrammierte Verhaltensweisen zu reflektieren und gegebenenfalls zu ändern. Besonders aktiv ist er, wenn wir konzentriert und fokussiert sind. Er sorgt dafür, dass wir uns bestimmte Ideen, Konzepte oder Ziele immer wieder ins Bewusstsein rufen. So können wir unsere Ziele festlegen, sie fokussieren, Pläne zur Zielerreichung schmieden, Entscheidungen treffen und letztlich Verhalten bewusst steuern, um die gewünschten Ergebnisse zu erzielen.

Wollen wir etwas Bestimmtes tun oder erreichen, haben, erleben – koste es, was es wolle –, dann läuft der Frontallappen auf Hochtouren. Mit seiner Hilfe erreicht beispielsweise ein Marathonläufer in Bestzeit das Ziel, obwohl seine Beine schmerzen, und jemand, der auf Diät ist, widersteht dem verlockenden Schokoladenkuchen. Das funktioniert, weil ihr Frontallappen ihnen sagt, dass ein noch erstrebenswerteres Ergebnis auf sie wartet: das unglaubliche Gefühl beim Zieleinlauf oder die Bikinifigur im Sommer. Und so entscheiden sich Menschen bewusst dafür, sich anders zu verhalten.

Die folgende Liste zeigt Ihnen, welche Fähigkeiten und Verhaltensweisen Sie an den Tag legen, wenn Ihr Frontallappen voll aktiv ist:

- weites Bewusstsein
- zielgerichtete Aufmerksamkeit
- lange Konzentrationsfähigkeit
- Entschlusskraft
- Klarheit
- Fokussierung
- Fähigkeit, aus Fehlern zu lernen
- Fähigkeit, zielgerichtet zu handeln und sich an einen Plan zu halten
- Disziplin
- Abwägen von Möglichkeiten
- Umsetzungskraft und Freude an der Umsetzung

Wie Emotionen dazwischenfunken

Es gibt aber etwas, das immer wieder dazwischenfunkt und den Frontallappen in den Stand-by-Modus versetzt: unsere Emotionen. Wenn sie zu stark werden, laufen wir wie ferngesteuert durch die Welt – von freiem Willen oder Selbstbestimmung ist dann nicht mehr viel zu spüren. Dieser Zustand zeigt sich durch folgende Merkmale:

- Verlangen nach Routine
- Abneigung gegenüber Veränderungen
- Mangel an Inspiration
- Unlust, Neues zu lernen
- mangelnde Zukunftsorientierung
- Aufgaben werden nicht zu Ende geführt

- reaktives Verhalten
- Impulsivität
- Vergesslichkeit
- mangelnde Organisation und Struktur

Wir müssen uns unseren Emotionen aber nicht erge-
ben, sondern können den Frontallappen gezielt aktivieren. Der erste Schritt ist wieder die Selbstreflexion:
Wenn wir erkennen, was wir tun müssen, um die angestrebten Ergebnisse zu erreichen, können wir unseren
Fokus darauf richten. Wir müssen „nur" die Perspektive wechseln. Diese Fragen können bei der Selbstbeob-
achtung helfen:

- Wer und wie will ich sein?
- Welche Sicht- und Verhaltensweisen sind dafür för-
  derlich?
- Was muss ich tun und gegebenenfalls ändern, um
  dieser Mensch zu werden?
- Welche Situationen verursachen schlechte Emotio-
  nen und hindern mich daran, Aufgaben ergebnisori-
  entiert anzugehen?
- Wie kann ich die Rahmenbedingungen beeinflussen,
  um meinen Fokus ungestört auf das gewünschte
  Ziel/Ergebnis auszurichten?
- Wer oder was kann mich dabei unterstützen?

Mentales Üben
Nachdem Sie mithilfe der Selbstreflexion die Grundlage
für Veränderungen geschaffen haben, geht es ans men-

tale Üben: Stellen Sie sich Ihr gewünschtes Ergebnis sowie die dafür notwendigen Verhaltensweisen vor Ihrem inneren Auge vor. Denken Sie an die Situation, aber verhalten Sie sich in Ihrer Vorstellung ganz bewusst anders als sonst. Stellen Sie sich detailliert vor, was Sie sagen, tun oder lassen würden. Üben Sie, sich so zu verhalten, wie Sie es sich wünschen. Mit diesem kognitiven Training aktivieren Sie Ihren Frontallappen und neue neuronale Verknüpfungen werden gebildet – so, als würden Sie dieses Verhalten in der Realität zeigen. Ihrem Gehirn ist es egal, ob Sie es wirklich tun oder es sich nur vorstellen. Wichtig ist, dass Sie sich das gewünschte Verhalten wiederholt vor Augen führen – also kognitiv üben. Ein Beispiel:

Ihr Kollege spielt sich regelmäßig auf Ihre Kosten auf. Er provoziert und behandelt Sie sehr herablassend. Doch anstatt sich zu wehren, sind Sie wie gelähmt und bringen kein Wort heraus. Das stachelt ihn nur noch mehr an. Sie wollen das nicht länger auf sich sitzen lassen. Der erste Schritt zur Gegenwehr ist das mentale Üben: Sie stellen sich bis ins kleinste Detail vor, wie der besagte Kollege Ihnen mit ein paar weiteren Kollegen auf dem Flur entgegenkommt. Kaum hat er Sie gesehen, hat er auch schon wieder dieses fiese Grinsen auf dem Gesicht. Sein Mund öffnet sich, um eine neue Boshaftigkeit auszuspucken – doch bevor er ein Wort sagen kann, drücken Sie ihm einen Zettel in die Hand: „Herr Schmidt, gut, dass ich Sie treffe. Ich wollte Ihnen ja noch die Nummer von Frau Dr. Müller geben. Sie ist Psychologin mit dem Spezialgebiet

‚Männer in der Midlife-Crisis'. Unsere Kollegen und ich sind uns einig, dass Sie mal mit jemandem reden sollten. Frau Dr. Müller ist übrigens eine freundliche Empfehlung von unserer Personalleiterin. Ich wünsche Ihnen gute Gespräche und viel Erfolg." Völlig perplex und ziemlich blass um die Nase starrt der Kollege Sie an. Noch ein freundschaftlicher Schulterklopfer und dann drehen Sie sich um und lassen den Kollegen mit dem Zettel in der Hand im Flur stehen.

Haben Sie sich die Situation beim Lesen gerade bildlich vorgestellt? Perfekt! So aktivieren Sie Ihren Frontallappen. Seien Sie kreativ und probieren Sie es nun mit eigenen Bildern und zielführenden Verhaltensweisen aus.

Um die Perspektive wechseln zu können, muss Verhalten ein Stück weit „vorhersagbar" und bewusst steuerbar sein. Das setzt Verständnis und viel Feingefühl voraus.

Unser Gehirn ist ein kompliziertes Netzwerk, das Informationen auf verschiedenen Ebenen verarbeitet. Dieses System werden wir wahrscheinlich nie hundertprozentig verstehen, doch wir sind in der Lage, die drei Aspekte der Persönlichkeit – Motive, Sicht- und Verhaltensweisen – zu reflektieren und daraus Erkenntnisse zu ziehen, die für uns selbst und für unseren Umgang mit anderen wertvoll sind. Zudem können wir lernen, Automatismen zu überwinden und Gewohnheiten gezielt zu ändern.

30 MINUTEN

5. Vierter Stern: Verhalten

Mit seinen „psychologischen Verhaltenstypen" legte der Schweizer Psychologe Carl Gustav Jung Anfang des 20. Jahrhunderts den Grundstein für die heutige Typologie-Lehre. Als erstes Unterscheidungsmerkmal menschlichen Verhaltens definierte er die Dimensionen Extraversion und Introversion: Als extravertiert bezeichnete er Menschen, die ihr Verhalten auf die äußere, objektive Welt ausrichten. Introvertierte Menschen ziehen ihre Energie hingegen eher aus ihrer inneren, subjektiven Welt. Später arbeitete C. G. Jung seine Theorie noch weiter aus und ergänzte zwei weitere Präferenzpaare: Denken und Fühlen (wie wir Entscheidungen treffen) und Intuition und Empfinden (wie wir Informationen aufnehmen und verarbeiten). Jungs Erkenntnisse nehmen bis heute Einfluss auf die moderne Psychologie und dienen als Grundlage für die Personal- und Persönlichkeitsentwicklung.

5.1 Wie Rollen unser Verhalten beeinflussen

In den letzten Kapiteln haben Sie bereits erfahren, dass unser Verhalten durch unsere Motive und Sichtweisen geprägt wird. Wir haben unterschiedliche Bedürfnisse und schauen durch unterschiedliche „Brillen" auf die Welt. Unser Gehirn überträgt diese Sichtweisen schließlich in ein entsprechendes Verhalten. Das Verhalten ist das Glied in der kausalen Kette, das sich am einfachsten verändern lässt – denn wir können es kognitiv beeinflussen. Dank unseres Frontallappens sind wir in der Lage, bewusste Entscheidungen zu treffen, uns z. B. bewusst eher extravertiert oder introvertiert, rational oder emotional zu verhalten.

Verhalten ist somit zu einem großen Teil von der Situation abhängig, in der wir uns gerade befinden. „In Gesellschaft meiner Freunde bin ich ganz anders als unter Arbeitskollegen" – sicher kennen Sie solche Aussagen auch von sich selbst. Doch ist das genau genommen nicht ganz korrekt: Sie sind im Büro nicht anders als im Restaurant mit Freunden. Sie sind derselbe Mensch, sie verhalten sich nur anders – weil die Situation andere Verhaltensweisen erfordert oder die Menschen um Sie herum andere Verhaltensweisen erwarten. In der Rolle der Mutter oder des Vaters verhalten Sie sich beispielsweise fürsorglich, streng oder liebevoll, motiviert durch die Aufgabe, ein Vorbild zu sein.

Rollen und Verhalten

Sie passen Ihr Verhalten also immer der jeweiligen Rolle und der Situation an. Um dies bewusst zu reflektieren, können Sie Ihre unterschiedlichen Lebensrollen definieren. Stephen R. Covey hat dafür eine sehr einfache Methode entwickelt, die in dem Workbook *Die 7 Wege zur Effektivität* (S. 66ff.) beschrieben wird. Erstellen Sie dazu eine Liste oder eine Tabelle und tragen Sie darin ein, welche Lebensrollen Sie ausfüllen, zum Beispiel: Mutter/Vater, Ehepartner, Mitarbeiter, Kollege und/oder Führungskraft, Vereinsmitglied, Freund, Tochter/Sohn, Bruder/Schwester oder, wenn Ihre Familie sehr groß ist, vielleicht einfach auch nur Familienmitglied. Weisen Sie diesen Lebensrollen im nächsten Schritt Schlüsselpersonen zu, die beschreiben könnten, wie Sie sich in der jeweiligen Rolle überwiegend verhalten. Das könnte zum Beispiel so aussehen:

Lebensrolle	Schlüsselperson	Typisches Verhalten
Mutter	*Leon (Sohn)*	*fürsorglich, manchmal streng*
Mitarbeiterin	*Frau Schmidt (Chefin)*	*eher zurückhaltend, fleißig*
Freundin	*Claudia (beste Freundin)*	*immer gut drauf, ausgelassen*
...	*...*	*...*

Feedback und Selbstbeobachtung

Manchmal haben wir das Glück, Feedback zu unserem Verhalten zu bekommen, im Idealfall ehrliches und konstruktives Feedback, das uns die Chance gibt, zu überprüfen, ob unser Verhalten angebracht, zielführend und ergebnisfördernd ist. Manchmal fällt das Feedback aber auch sehr hart aus, wird unaufgefordert oder sogar verletzend formuliert. Dann werden wir äußerst unsanft mit der Konsequenz unseres Verhaltens konfrontiert. Bleibt dagegen das Feedback ganz aus, merken wir oft erst später, dass unser Verhalten unpassend war – doch dann ist das Kind häufig schon in den Brunnen gefallen. Leider bekommen wir unser Verhalten insgesamt eher selten gespiegelt. Sogar wenn wir gezielt um Feedback bitten, ist es nicht sicher, dass wir auch eine wirklich ehrliche und konstruktive Antwort bekommen. Doch genau das würde dabei helfen, unser Verhalten zu reflektieren, zu verändern und so bewusst die Perspektive zu wechseln. Doch Menschen fällt es häufig schwer, Kritik zu äußern. Daher müssen wir lernen, uns selbst regelmäßig und genau zu beobachten. Dabei helfen die folgenden Fragen:

- In welchen Situationen zeige ich welches Verhalten?
- Wann zieht mein Verhalten die gewünschte Resonanz nach sich?
- Wann stoße ich mit meinem Verhalten an Grenzen und komme beim anderen nicht weiter?
- Welche typischen Verhaltensweisen zeige ich in welcher Situation?

Die Balance finden

In meiner Arbeit als Trainerin und Coach darf ich oft Menschen dabei unterstützen, ihre Sicht- und Verhaltensweisen zu reflektieren und zielführender zu nutzen – so, dass sie ihr gewünschtes 5-Sterne-Ergebnis erreichen. Beziehungen verlaufen dann harmonischer, Interaktionen reibungsloser, Führungskräfte werden echte Führungskräfte und beinahe schon abgeschriebene Mitarbeiter wieder Leistungsträger. Die Kunst ist, die Balance zu finden zwischen der eigenen Verhaltenspräferenz und der Rolle, die ein bestimmtes Verhalten erfordert.

Am Anfang meiner beruflichen Laufbahn fiel mir das selbst noch sehr schwer. Ich wurde mit 24 Jahren Abteilungsleiterin, hatte aber leider vom Führen einer Abteilung etwa so viel Ahnung wie von Quantenphysik. Also tat ich das, was Menschen tun, wenn sie keine Ahnung haben: Ich schaute mir Verhaltensweisen von anderen ab, kopierte also das Verhalten meiner Kollegen. Mit dem Ergebnis, dass ich – wie die anderen – jeden Tag bis 22 Uhr arbeitete.

Das ist die Krux beim Verhalten: Wir schauen uns Verhaltensweisen ab, ohne sie wirklich zu hinterfragen. Wir gehen einfach davon aus, dass sie richtig sind, weil alle sie akzeptieren. Doch häufig sind wir damit nur mäßig erfolgreich, denn wir vergessen, dass wir mit unserem Handeln nur dann zufrieden, glücklich und leistungsfähig sein können, wenn es unsere Bedürfnisse befriedigt. Und glauben Sie mir: Ein 14-Stunden-Tag hat dazu nicht beigetragen!

30 *Unsere Lebensrollen sind mit unterschiedlichen Erwartungen verknüpft. Je mehr Sie über Ihre Verhaltenspräferenz und die der anderen wissen, desto besser können Sie sich angebracht verhalten – ohne dabei nicht förderliche Verhaltensweisen Ihrer Mitmenschen zu kopieren.*

5.2 Verhaltenstypen erkennen und sich auf sie einstellen

Verhalten ist typisch. Sie schütteln über diesen Satz den Kopf, weil Sie davon überzeugt sind, dass Menschen nicht in Schubladen gesteckt werden können? Sie haben absolut recht! Dennoch gibt es wissenschaftlich fundierte Schemata, denen sich bestimmte Verhaltensweisen zuordnen lassen. Die sogenannte Typologie – die Lehre von den psychologischen Typen – möchte Menschen nicht in Schubladen stecken, sondern definiert Präferenzen, in denen sich einzelne Personen mehr oder auch weniger stark wiederfinden können. Diese Verhaltenstendenzen können wissenschaftlich gemessen bzw. analysiert werden – durch diagnostische Erhebungsverfahren wie zum Beispiel Insights Discovery®, MBTI®, DISG® oder Insights MDI®.

Die Analyse von Verhaltenspräferenzen hat einen großen Nutzen, vor allem in der zwischenmenschlichen Kommunikation: Sie zeigt, wie Menschen sich in bestimmten Situationen bevorzugt verhalten, und ermöglicht so einen gezielten Perspektivenwechsel. Die Verhaltenstypologie hilft dabei,

- die eigenen Präferenzen zu erkennen,
- sich besser auf die individuellen Präferenzen anderer einzustellen,
- typgerecht zu kommunizieren und so Interaktionen erfolgreicher und harmonischer zu gestalten,
- zwischenmenschliche Beziehungen zu verbessern sowie effektiv und nachhaltig aufzubauen.

Die vier Verhaltenspräferenztypen

Die hier beschriebene Typologie basiert auf der Grundannahme, dass menschliches Verhalten vier Präferenztypen zugeordnet werden kann. Damit man sich diese leicht merken kann und um sie anschaulich zu machen, haben ihnen die Anbieter der Erhebungsverfahren Farben oder Buchstaben zugeordnet. Bei der Verhaltenspräferenzanalyse nach Insights Discovery® stehen beispielsweise die vier Farben Rot, Gelb, Grün und Blau für jeweils einen Verhaltenspräferenztyp:

- Rot = der Macher
- Gelb = der Entertainer
- Blau = der Analytiker
- Grün = der Beziehungstyp

Je stärker eine „Farbe" bzw. die entsprechende Verhaltenspräferenz ausgeprägt ist, desto spontaner und häufiger wird die Person das entsprechende Verhalten zeigen. An dieser Stelle muss aber erwähnt werden, dass es in der Realität meist nicht *den* „roten", „grünen", „gelben" oder „blauen" Typen gibt. Es handelt sich um idealtypische Darstellungen; die meisten Menschen sind „Mischungen" aus mindestens zwei, manchmal auch mehr Grundtypen. Jeder Mensch ist in der Lage, bestimmte Emotionen und Verhaltensformen auszuleben, egal, ob sie typisch für den „roten", „grünen", „gelben" und „blauen" Verhaltenstyp sind. Jeder Mensch trägt jede „Farbe" in sich – nur ist sie situationsbedingt mal stärker und mal schwächer wahrzunehmen.

Die Unterschiede zwischen den Verhaltenstypen zeigen sich in zwei Dimensionen: „Introversion – Extraversion" und „Denken – Fühlen".

- **Der Introvertierte:** Introvertierte Menschen setzen sich gedanklich stark mit sich, ihren Ideen, Werten und Gefühlen auseinander. Sie sind tendenziell gerne allein und beschäftigen sich mit sich selbst. Bevor sie sich äußern, beobachten sie ihre Umwelt zunächst sehr genau. Sie wirken reflektiert und überlegt, sind eher zurückhaltend und denken mehr, als sie reden. Um Aufgaben konzentriert und fehlerfrei zu erledigen, brauchen sie ungestörte Zeit.

- **Der Extravertierte:** Der Extravertierte zieht seine Energie aus äußeren Dingen. Er steht gerne im Mittelpunkt und braucht andere Menschen, um sich gut zu fühlen. Extravertierte Menschen sind meistens gut hör- und sichtbar. Sie sind gesprächig, gesellig und handlungsorientiert. Äußere Fakten einer Aufgabe finden sie häufig interessanter als den Inhalt.

Die andere Dimension – Denken und Fühlen – sagt etwas über den inneren Entscheidungsprozess:

- **Der Rationale:** Der Rationale, der Denker, trifft seine Entscheidungen eher auf Basis von Logik, Zahlen, Daten und Fakten. Er handelt formal, analysierend, ergebnisbezogen, strukturiert und nutzt alles, was die Objektivität untermauert.
- **Der Emotionale:** Der Emotionale verlässt sich eher auf sein (Bauch-)Gefühl und seine Intuition. Er ist weniger sach-, sondern vielmehr personenbezogen, spontan, unterstützend und entgegenkommend. Er strebt nach Erlebnissen und Harmonie.

Wenn wir lernen, typische Verhaltenspräferenzen zu erkennen, bekommen wir die Chance, Interaktionen bedürfnis- und verhaltensgerecht zu führen.

Tipp: Konzentrieren Sie sich auf den anderen: Welches Verhalten zeigt er und was könnte dies über seine Bedürfnisse aussagen? Um sich dem anderen ein Stück weit anzunähern, reicht es häufig schon aus, zu erkennen, ob er eher introvertiert oder extravertiert ist, ein Denker oder ein emotionaler Typ. Dann können Sie Ihr Verhalten an seines anpassen. Dabei geht es nicht um stumpfes Kopieren, sondern darum, nicht förderliches Verhalten zu unterlassen oder förderliches Verhalten zu verstärken. Einen Rationalen würde man dementsprechend nicht mit Small Talk überfordern oder einen Emotionalen nicht mit Daten, Zahlen und Fakten langweilen.

Tipps für den Umgang mit den vier Typen

Im Folgenden erhalten Sie konkrete Handlungsempfehlungen für den Umgang mit Menschen mit „roten", „gelben", „grünen" und „blauen" Verhaltenspräferenzen.

„Roter" Typ: rational /extraviert (Macher)

Treten Sie direkt und sicher auf, reden Sie nicht zu viel, zögern Sie nicht. Legen Sie den Fokus auf Fakten, nicht auf Gefühle, und achten Sie auf Zeichen von Ungeduld bei Ihrem Gegenüber. Dem Macher ist der Nutzen besonders wichtig. Wenn es um konkrete Entscheidungen geht, können Sie bei ihm mit einem klaren Ja oder Nein rechnen.

„Gelber" Typ: emotional/extravertiert (Entertainer)

Seien Sie gesellig und zeigen Sie Interesse an Ihrem Gesprächspartner. Gehen Sie nicht zu sehr ins Detail, sondern erzählen Sie Geschichten und visualisieren Sie. Achten Sie aber darauf, dass es keine Unklarheiten gibt. Fassen Sie Vorteile noch einmal selbst zusammen und entwickeln Sie eine gemeinsame Vorgehensweise. Entweder erhalten Sie ein engagiertes Ja oder Sie stoßen auf Widerstand.

„Blauer" Typ: rational/introvertiert (Analytiker)

Seien Sie nicht zu direkt, sondern formal und höflich. Stellen Sie sicher, dass Ihr Gesprächspartner genug Zahlen, Daten und Fakten bekommen hat, und lassen Sie ihn Vor- und Nachteile analysieren. Fassen Sie Argumente – am besten schriftlich – zusammen. Planen Sie gemeinsam, legen Sie klare Verantwortungsbereiche fest. Das Ja oder Nein dieses Typs hängt immer von den Bedingungen und logischen Überlegungen ab.

„Grüner" Typ: emotional/introvertiert (Beziehungstyp)

Hier ist es wichtig, mit Bedacht zu sprechen und echte Anteilnahme zu zeigen. Überprüfen Sie, ob noch irgendwelche Einwände bestehen, die eine vertrauensvolle Beziehung verhindern könnten. Fassen Sie Vorteile zusammen und legen Sie dabei den Fokus auf die Werte, die damit einhergehen. Erarbeiten Sie Inhalte gemeinsam. Rechnen Sie mit einem qualifizierten Ja oder weiteren Einwänden.

Je nach Situation und Rolle verhalten sich Menschen unterschiedlich, zugleich hat jeder auch individuelle Verhaltenspräferenzen. Ein klareres Bild von der Bandbreite menschlichen Verhaltens gewinnen – das ist der Sinn der Einordnung in Typen. Denn je mehr Sie über die Ziele, Motive, Ängste, Kommunikationsstile und Bedenken Ihres Gesprächspartners wissen, desto besser können Sie ihn verstehen und auf ihn eingehen. „Behandle andere so, wie du selbst behandelt werden möchtest", lautet bekanntlich die goldene Regel, doch ich empfehle stattdessen: „Behandle andere so, wie sie behandelt werden möchten."

30

30 MINUTEN

Was macht ein 5-Sterne-
Ergebnis aus?

Warum ist es wichtig, Ergebnisse
anderer auch zu berücksichtigen?

Wie sieht ein gelungener
Perspektivenwechsel aus?

6. Fünfter Stern: Ergebnisse

Sie haben es in diesem Buch bereits mehrfach gelesen: Egal, welche Bedürfnisse wir haben, aus welcher Perspektive heraus wir auf die Welt schauen, wie wir denken und handeln oder auch nicht denken und nicht handeln – alles führt zu einem Ergebnis. Entscheidend ist, dass es uns gelingt, Ergebnisse zu erzielen, die mittel- und langfristig unsere Bedürfnisse befriedigen. 5-Sterne-Ergebnisse sind Ergebnisse, die die ganz individuellen Bedürfnisse eines Menschen stillen. Um das zu erreichen, müssen wir aber erst verstehen, wie Bedürfnisse, Sicht- und Verhaltensweisen zusammenhängen und was zu tun ist, um die Wunschergebnisse zu erzielen.

6.1 Wie wir gemeinsam Ergebnisse erzielen

In vielen Fällen sind wir auf andere Menschen angewiesen, um die gewünschten Ergebnisse erreichen zu können. Und darin steckt schon die erste große Herausforderung: Für den anderen ist unser angestrebtes Ergebnis vielleicht gar kein 5-Sterne-Ergebnis und daher nicht erstrebenswert. Um das herauszufinden und ihn möglicherweise vom Wert des Ergebnisses zu überzeugen, ist ein Perspektivenwechsel notwendig. Hier gilt es, herauszufinden, was für ihn persönlich ein 5-Sterne-Ergebnis bedeutet. Denn diese Definition ist bei jedem Menschen unterschiedlich. Was aber immer gleich ist: 5-Sterne-Ergebnisse machen glücklich und stolz. Sie ermutigen uns, weitere 5-Sterne-Ergebnisse zu erreichen. Nur durch sie können wir die nötige Motivation entwickeln, immer wieder über unsere Bedürfnisse, Sicht- und Verhaltensweisen nachzudenken, sie zu reflektieren und gegebenenfalls zu ändern – um ein für alle Beteiligten wertvolles Ergebnis zu erzielen.

Ergebnisse gemeinsam definieren

Ein 5-Sterne-Ergebnis ist immer situations-, beziehungs- und zielabhängig. Es ist dann erreicht, wenn es Bedürfnisse mittel- und langfristig befriedigt, die Sichtweise bestätigt und zu dem Verhalten führt, das die beabsichtigte Resonanz auslöst. Ein Ergebnis kann somit auch als Konsequenz bezeichnet werden. Wir haben zwar Einfluss auf unsere Sicht- und Verhaltensweisen, aber nicht unmittelbar auf die Konsequenzen, die daraus entstehen. Man kann die besten Absichten haben und guten Gewissens handeln, doch das Ergebnis ist nicht das, was man selbst oder die Mitmenschen angestrebt haben. In der Interaktion mit anderen ist das immer wieder der Fall: Das Ergebnis, das erreicht wurde, löst nicht die beabsichtigte Resonanz aus. In zwischenmenschlichen Beziehungen ist es daher wichtig, dass die „Parteien" eine ähnliche Vorstellung von dem angestrebten Ergebnis haben. Wenn nicht, kommt es zu Konflikten, wie in dem folgenden Beispiel:

Ein Mann möchte sich vor der Arbeit beim Bäcker schnell noch ein Brötchen holen. Da kein Parkplatz mehr frei ist, parkt er in zweiter Reihe. Er möchte nicht zu spät zur Arbeit kommen. Das wollen allerdings zig andere Autofahrer auch nicht, die sich nun wild hupend, gestikulierend und fluchend an dem falsch geparkten Auto vorbeischlängeln: „So ein Egoist!", ruft einer. „Was glaubt dieser Blödmann eigentlich, wer er ist?", empört sich ein anderer. „Das kann ja wohl nicht sein Ernst sein. So eine Unverschämtheit!", schimpft ein weiterer Autofahrer.

Was glauben Sie? Wollte der Falschparker mit seinem Verhalten solche Reaktionen auslösen? Wollte er die anderen Autofahrer bewusst behindern oder ärgern? Nein, sein Ziel war, möglichst schnell ein Brötchen zu kaufen, um nicht zu spät zur Arbeit zu kommen. Das war an diesem Tag besonders wichtig, denn er hatte seinem Kollegen versprochen, rechtzeitig zur Besprechung für das gemeinsame Projekt im Büro zu sein. Die anderen Autofahrer hat er dabei aus dem Blick verloren. Das Ergebnis seines Verhaltens ist für ihn durchaus positiv: Mit einem leckeren Brötchen in der Tasche kommt er pünktlich in der Firma an. Anders sieht es für die anderen Verkehrsteilnehmer aus: Sie sind schon vor der Arbeit gestresst, genervt und gereizt – wie die Hupkonzerte deutlich machen. Sie sehen keinen Mann, der nur deshalb in zweiter Reihe parkt, um einen Kollegen nicht zu enttäuschen, sondern einen, dem die Bedürfnisse und Interessen der anderen Verkehrsteilnehmer egal sind.

Was ich mit diesem Beispiel deutlich machen möchte: Die Absicht des Mannes ist eine gute. Schließlich wollte er seinen Kollegen nicht hängen lassen. Das Verhalten, das dafür nötig war, zog für seine Mitmenschen aber kein gutes Ergebnis nach sich. Natürlich können Sie jetzt einwenden: Wenn es um wirklich wichtige Dinge geht, dann sind wir reflektierter und verhalten uns bewusster. Doch vergessen Sie die Kraft der Emotionen nicht! Wir sind häufig so stark auf Bedürfnisbefriedigung ausgerichtet, dass wir unsere Sicht- und Verhaltensweisen durchboxen, ohne auf die gewünschten Ergebnisse der anderen Rücksicht zu nehmen. In diesen Momenten sind wir so im Fluss der Situation, dass wir gar nicht merken, wir sehr wir andere durch unser Verhalten verärgern oder sie am Erreichen ihrer Ergebnisse hindern.

Die Ergebnisse anderer berücksichtigen

Wenn wir aber immer wieder bewusst die Perspektive wechseln und uns fragen: „Was löse ich gerade mit meinem Verhalten aus?", „Welche Ergebnisse fördere ich damit bzw. verhindere ich?", dann haben wir die Möglichkeit, eine andere Sichtweise einzunehmen, uns bewusst anders zu verhalten und so ein Ergebnis zu erzielen, das für alle wertvoll ist. Dazu gehört auch, die eigene Absicht deutlich zu formulieren. So lassen wir weniger Spielraum für Annahmen und Interpretationen. Ebenso wichtig ist es, die Absichten des anderen in Erfahrung zu bringen und zu verstehen. Covey beschreibt das in seinem 5. Weg der *7 Wege zur Effektivität* sehr treffend: „Erst verstehen, dann verstanden werden." (S. 266)

Dieser Satz hat mich maßgeblich geprägt. Covey geht es dabei darum, dass wir dazu neigen, sogenannte autobiografische Antworten zu geben: Wenn wir beraten, sondieren, Ratschläge geben, Fragen stellen, Vorschläge machen, Lösungen anbieten, dann tun wir das immer aus unserem eigenen Bezugsrahmen, der eigenen Biografie heraus. Wir sind besonders gut darin, zu interpretieren und uns die Motive und Verhaltensweisen der anderen auf Grundlage eigener Erfahrungen zu erklären. Auf diese Art glauben wir, Menschen verstehen zu können. Doch bei all der Interpretation vergessen wir in vielen Situationen, uns Gedanken über das Ergebnis zu machen, das wir eigentlich erreichen wollen: Ist es überhaupt mit dem gewünschten Ergebnis des anderen zu vereinbaren? Oder erwartet er etwas ganz anderes? Bevor wir anfangen, zu interpretieren, müssen wir zunächst unser eigenes 5-Sterne-Ergebnis und das der anderen klar definieren. Nur so können wir am Ende auch beurteilen, ob es erreicht wurde oder nicht.

30 *All unsere Sichtweisen und unsere Handlungen führen zu Ergebnissen, die im Idealfall unsere Bedürfnisse befriedigen. Ebenso wie die Bedürfnisse sind auch die erstrebenswerten 5-Sterne-Ergebnisse bei jedem Menschen individuell. Um Konflikte zu vermeiden, sollten wir daher Ergebnisse gemeinsam mit anderen definieren.*

6.2 Durch Perspektivenwechsel zu 5-Sterne-Ergebnissen

Wahrscheinlich können Sie den folgenden Satz mittlerweile nicht mehr hören beziehungsweise lesen. Ich wiederhole ihn aber ganz bewusst noch einmal: Wollen Sie andere Ergebnisse erzielen, reicht es nicht aus, nur das Verhalten zu ändern. Um langfristig die gewünschten Ergebnisse zu erreichen, müssen Sie sich zunächst mit Ihrer Sichtweise auseinandersetzen. Dazu gilt es, die Perspektive zu wechseln und eine andere Sichtweise einzunehmen – eine, die Verhaltensweisen ermöglicht, die zu dem von allen Beteiligten gewünschten Ergebnis führen.

Stellen Sie sich vor, Sie sind Führungskraft und einer Ihrer Mitarbeiter hat in einem Projekt überdurchschnittlich gute Arbeit geleistet. Sie möchten ihn dafür belohnen. Das ist schon einmal eine sehr gute Intention. Jetzt gilt es allerdings, herauszufinden, welches Zeichen der Wertschätzung dieser Mitarbeiter auch tatsächlich als ein solches empfindet. Das folgende Beispiel aus meiner Zeit als Hoteldirektorin zeigt, wie wichtig es ist, dass eine Anerkennung wirklich „typgerecht" ist.

Meine damalige Empfangschefin arbeitete überdurchschnittlich fleißig und pflichtbewusst. Überstunden waren für sie selbstverständlich – Hauptsache, der Gast war zufrieden. Für dieses besondere Engagement wollte ich mich bei ihr bedanken und überlegte, was ich ihr schenken könnte. Ich entschied mich für eine Weiterbildung – darüber hätte ich mich in meiner Zeit als Empfangschefin gefreut.

Meine Mitarbeiterin bedankte sich und saß ein paar Wochen später in einem Seminar ihrer Wahl. Doch viel zu spät wurde mir bewusst, dass ich aus meiner eigenen Biografie heraus entschieden hatte. Ich hatte nicht die Perspektive gewechselt und überlegt, welche Anerkennung passend und typgerecht gewesen wäre. Denn dann hätte ich ihr wahrscheinlich zwei zusätzliche freie Tage geschenkt, die sie mit ihrem Mann oder ihrem Hobby, dem Tanzen, hätte verbringen können. Damit hätte ich ihre individuellen Bedürfnisse wahrscheinlich wesentlich besser befriedigt.

Das emotionale Beziehungskonto

Wir sollten uns immer wieder vor Augen führen: Der Empfänger entscheidet, ob die ihm gezollte Anerkennung wirklich eine Belohnung ist oder nicht. Stephen R. Covey sprach in diesem Zusammenhang von einem emotionalen Bankkonto, auf das man einzahlen und von dem man abheben kann (vgl. Covey, 2006, S. 206). Befindet sich kein Guthaben mehr auf diesem Konto, kann auch nicht mehr abgehoben werden. Einzahlungen auf dieses Konto entsprechen der Pflege von Beziehungen – egal auf welcher Ebene. Wenn wir anderen etwas Gutes tun, uns typgerecht verhalten oder ihnen eine Freude machen, dann zahlen wir auf das Konto ein. Wenn wir jemanden verärgern, etwas vergessen, eine Emotion falsch interpretieren oder bedienen, dann heben wir – manchmal auch unbewusst – von diesem Beziehungskonto ab. Unser Guthaben schrumpft. Leider wiegt eine Abhebung oft schwerer als viele Einzahlungen und so rutscht das Beziehungskonto schnell in die roten Zahlen. Bei dem emotionalen Beziehungskonto gibt es leider keinen Dispokredit! Manchmal benutzen wir auch eine falsche Währung – eine, die für den anderen keinen Wert hat. Dann zahlen wir beispielsweise Dollar auf sein emotionales Beziehungskonto ein, obwohl dieses nur Euro akzeptiert. Definieren Sie daher immer erst die akzeptierte „Währung", dann können Sie durch „Einzahlungen" auch das gewünschte Ergebnis innerhalb dieser Beziehung erreichen. Ein Perspektivenwechsel ist dafür unerlässlich.

Durch die „Brille" der anderen schauen

Ein weiteres Beispiel aus meiner Führungspraxis zeigt, wie es aussehen kann, wenn man beim Einzahlen auf das Beziehungskonto die Perspektive wechselt:

Meine Mitarbeiterin hat ein niedriges Beziehungs-Motiv. Das bedeutet, dass sie eher introvertiert ist, ihre Energie aus der Zurückgezogenheit zieht. Zu viel Unruhe oder menschliche Kontakte in Situationen, in denen sie sich stark konzentrieren muss, kosten sie sehr viel Energie.

Als wahrer Textprofi ist meine Mitarbeiterin unschlagbar, wenn es darum geht, Botschaften und Inhalte treffend zu formulieren. Sie war die Erste, die das Rohmanuskript meines ersten Buches gelesen hatte und den Text auf Vordermann brachte. Doch um diese Fähigkeit, dieses Talent konzentriert auszuleben, braucht sie absolute Ruhe und ein Umfeld, das es ihr ermöglicht, Bestleistungen zu vollbringen. Somit gab ich ihr die Möglichkeit, von zu Hause aus zu arbeiten.

Viele Unternehmen verbieten ihren Mitarbeitern das Arbeiten im Homeoffice, und auch Gleit- oder Vertrauensarbeitszeit ist für sie keine Option. Sie befürchten, dass die Mitarbeiter zu Hause alles Mögliche tun, statt für das Unternehmen zu arbeiten. Ich hingegen bin der Homeoffice-Regelung gegenüber sehr positiv eingestellt. Natürlich müssen bei der Entscheidung darüber sowohl die Aufgabenstellung als auch die Persönlichkeit des Einzelnen berücksichtigt werden. Doch aus meiner Erfahrung heraus kann ich mit Überzeugung sagen: Es lohnt sich, das Arbeiten im Homeoffice zu genehmigen.

Ich habe damals bewusst die Perspektive gewechselt und durch die Brille meiner Mitarbeiterin geschaut. So habe ich ihre individuellen Bedürfnisse gesehen und erkannt, dass diese Arbeitsweise perfekt zu ihrer Persönlichkeit passt. Ich habe nie bezweifelt, dass sie effektiv und motiviert von zu Hause aus arbeitet. Und so ist das Ergebnis ein 5-Sterne-Ergebnis geworden: mein erstes Buch, auf das ich sehr stolz bin. Ohne die Unterstützung meiner Mitarbeiterin hätte ich das Manuskript nicht zufriedenstellend finalisiert und würde vielleicht heute noch von einem eigenen Buch träumen.

Wechseln Sie die Perspektive, definieren Sie die gewünschten Ergebnisse und passen Sie dann die Rahmenbedingungen daran an. Das funktioniert natürlich nicht immer, dennoch bin ich überzeugt, dass es öfter möglich ist, als wir glauben. Ergebnisse sind dann 5-Sterne-Ergebnisse, wenn die Bedürfnisse des Individuums befriedigt und von passenden Sicht- und Verhaltensweisen begleitet werden. Wenn andere Menschen unser Ergebnis mitbestimmen, dann sollten wir diese Personen so behandeln, wie es ihrem präferierten Verhalten sowie ihren individuellen Bedürfnissen entspricht.

> **Tipp:** Sie wollen sich daran erinnern, regelmäßig die Perspektive zu wechseln? Dabei hilft Ihnen ein Anker. Dies sollte ein physisch präsenter Gegenstand sein, den Sie in Ihrem Alltag immer wieder wahrnehmen. Zum Beispiel könnten Sie Ihre Uhr am anderen Hand-

gelenk tragen oder sich einen Zettel an den Bade-
zimmerspiegel kleben. Immer dann, wenn Sie diesen
Anker bemerken, sollten Sie sich Ihr Wunschergebnis
ganz konkret vor Augen führen.

Einer meiner Coachees – ein Vertriebler in einem mit-
telständischen Unternehmen – hat sich beispielswei-
se sein Wunschauto in der Matchbox-Variante auf
den Schreibtisch gestellt. Immer wenn er nicht genug
Motivation für die Akquise und die damit verbunde-
nen Perspektivenwechsel aufbrachte, schaute er sich
sein kleines Auto an und schon war es nicht mehr so
schwer, zum Hörer zu greifen und einen potenziellen
Kunden anzurufen. Mittlerweile hat er sich übrigens
die große Variante geleistet – in Vollausstattung.

Der Fantasie sind bei der Ankersuche keine Grenzen
gesetzt. Hauptsache, er hat eine besondere Bedeutung
für Sie und macht es Ihnen leichter, neue, ergebnis-
fördernde Sicht- und Verhaltensweisen zu verankern.

Es lohnt sich also, regelmäßig einen Perspektivenwechsel zu vollziehen. Definieren Sie detailliert Ihr gewünschtes Ergebnis und dann entscheiden Sie, ob Sie
Verhaltens- oder Sichtweisen ändern müssen, um dieses Ziel zu erreichen.

Handeln oder nicht handeln, beabsichtigt oder
unbeabsichtigt – alles führt zu einem Ergebnis.
Ohne ein klar definiertes Wunschergebnis und
eine klar formulierte Erwartungshaltung ent-
scheidet immer der Zufall, ob das gewünschte
Ergebnis erreicht wird oder nicht. Für die alltäg-

liche Kommunikation mit Ihren Mitmenschen sollte daher immer gelten: viel mehr fragen als sagen!

Wenn Sie wissen, wie der andere tickt und was er braucht, bleibt es nicht bei der bloßen guten Absicht, sondern auch das daraus entstehende Ergebnis wird für beide Seiten wertvoll sein. Ich wünsche Ihnen viel Erfolg beim Perspektivenwechsel!

Fast Reader

1. Das 5-Sterne-Prinzip

Warum ticken, wirken und verhalten sich Menschen unterschiedlich? Weil jeder Mensch eine individuelle Persönlichkeit hat – sein individueller „Fingerabdruck" aus persönlichen Bedürfnissen, Sicht- und Verhaltensweisen. Diese Persönlichkeitsaspekte bauen aufeinander auf, sie beeinflussen sich – eine kausale Kette, die uns zu dem Menschen macht, der wir sind. Das 5-Sterne-Prinzip verdeutlicht diese Kausalität:
Die grundlegenden Bedürfnisse im Kern der Persönlichkeit (erster Stern) stehen für unsere intrinsischen Antreiber, für Motive (z. B. Status, Unabhängigkeit, Anerkennung usw.). Deren jeweilige Ausprägung hat – neben anderen Faktoren wie Kultur, Erziehung, Erlebnissen und Erfahrungen – Einfluss auf die individuelle Sichtweise des Menschen (zweiter Stern). Unser Gehirn (dritter Stern) ist das „Übertragungsorgan." Es übersetzt die

Sichtweisen in konkretes Verhalten (vierter Stern).
Schließlich führt alles, was wir tun oder auch nicht
tun, zu einem Ergebnis (fünfter Stern).

30 **Mit der Kraft des 5-Sterne-Prinzips und dem Wissen über die Kausalität der menschlichen Persönlichkeits-Facetten werden Sie**
- **leichter die Perspektive wechseln können und sich selbst und andere besser verstehen,**
- **motiv- und typgerechter kommunizieren und**
- **die Andersartigkeit Ihrer Mitmenschen wertschätzen lernen und zu nutzen wissen.**

2. Erster Stern: Bedürfnisse

Der erste Stern des 5-Sterne-Prinzips steht für die
Bedürfnisse bzw. die Motive eines Menschen. In
der Psychologie gibt es zahlreiche Theorien über
Motivation. Der amerikanische Psychologe Steven Reiss definierte die 16 Lebensmotive, innere
Antreiber, die jeder Mensch in sich trägt.

30 **Unsere Bedürfnisse bzw. Motive ...**
- **sind „Endzwecke" menschlichen Handels, die wir als Grundwerte oder sogar Sinn des Lebens erfahren.**
- **sind zu einem großen Teil genetisch bedingt und werden zwischen dem achten und zwölf-**

ten Lebensjahr ausgebildet. Wie ein Mensch sie erfüllt, wird hingegen durch die Kultur und Umwelt, in der er aufwächst, sowie durch seine individuellen Erfahrungen geprägt.

- *nehmen großen Einfluss auf unsere individuellen Sicht- und Verhaltensweisen.*

3. Zweiter Stern: Sichtweisen

Der zweite Stern des 5-Sterne-Prinzips symbolisiert Sichtweisen, Glaubenssätze und Paradigmen und somit die individuelle Art und Weise, wie man auf die Welt schaut. Die Sichtweise eines Menschen wird geprägt durch seine Motive, aber auch durch die Erziehung sowie Kultur und Umwelt. Dieser sogenannte „soziale Spiegel" (Covey, 2006, S. 80ff.) wird uns schon früh vorgehalten. Er zeigt uns, wie wir auf die Welt schauen sollen bzw. wie wir uns zu verhalten haben.

Um langfristig bessere Ergebnisse zu erzielen, reicht es nicht aus, allein das Verhalten zu ändern. Nur durch das Arbeiten an der Sichtweise kann Verhalten langfristig verändert und ein Perspektivenwechsel möglich werden.
In der Veränderung der Sichtweise liegt der Schlüssel zum gewünschten Ergebnis. Ändert

sich die Sichtweise, wird das Gehirn das Verhalten automatisch verändern.

4. Dritter Stern: Gehirn

Der dritte Stern steht für das Gehirn, welches als „Übertragungsorgan" fungiert und Motive und Sichtweisen in ein bestimmtes Verhalten übersetzt. Lange Zeit glaubte die Wissenschaft, an den neuronalen Verbindungen des Gehirns sei im Erwachsenenalter „nicht mehr zu rütteln". Doch wie wir heute wissen, sind Menschen durchaus in der Lage, eingetretene Gedankenpfade zu verlassen, Verschaltungen im Gehirn zu ändern und somit einen Perspektivenwechsel zu vollziehen.

30 **Der erste Schritt zum Perspektivenwechsel besteht darin, sich selbst und andere zu „erkennen", also bewusst wahrzunehmen. Der Frontallappen schafft die Voraussetzung dafür, denn hier ist unsere Selbstbestimmung, unser Bewusstsein und unser freier Wille beheimatet. Er gibt uns die Möglichkeit, genetisch vorprogrammierte Verhaltensweisen zu reflektieren und zu ändern.**
Der zweite Schritt ist das „mentale Üben": Wir stellen uns wiederholt das zielführende Verhalten vor und regen so das Gehirn an, neue neuronale

Pfade zu bilden bzw. alte ausgetretene Pfade zu löschen.

5. Vierter Stern: Verhalten

Der vierte Stern des 5-Sterne-Prinzips symbolisiert das Verhalten. Dieses wird durch die Motive und die Sichtweisen beeinflusst. In der Regel neigen wir zu bestimmten von uns präferierten, erprobten Verhaltensmustern, die häufig unbewusst und automatisiert vonstattengehen.
Menschen reagieren auf Verhalten mit Verhalten. Wenn dieses nicht dem allgemeinen Verständnis entspricht, kann es zu zwischenmenschlichen Konflikten und Missverständnissen kommen. Je mehr wir aber über die eigene Verhaltenspräferenz und die der anderen wissen, desto besser können wir uns darauf einstellen und ein nicht angebrachtes Verhalten ändern.

Der Schweizer Psychologe Carl Gustav Jung legte Anfang des 20. Jahrhunderts den Grundstein für die Verhaltenspräferenzanalyse. Auf dieser Basis lassen sich Menschen heute vier Verhaltenstypen zuordnen: Introvertierte, Extravertierte, Rationale und Emotionale.
Menschen, die die Perspektive wechseln und andere genau beobachten, bekommen wichtige

Anhaltspunkte, wie sie Interaktionen typgerecht gestalten können.

6. Fünfter Stern: Ergebnisse

Der fünfte und letzte Stern steht für die Ergebnisse, nach denen jeder Mensch strebt. Ergebnisse haben eine besondere Qualität, wenn sie die individuellen Bedürfnisse des Menschen befriedigen, die Sichtweise bestätigen und zu zielförderndem Verhalten führen.

Egal, welche Bedürfnisse zugrunde liegen, wie wir auf die Welt schauen, wie wir denken und handeln, alles führt zu einem Ergebnis. Entscheidend ist, dass die Ergebnisse, die wir erzielen, mittel- und langfristig unsere Bedürfnisse befriedigen.

30 **Häufig beeinflussen die Erwartungen anderer das gewünschte Ergebnis. Menschen, die die Perspektive wechseln und sich die Erwartungshaltung des anderen bewusst machen, haben eine größere Chance, gemeinsam ein 5-Sterne-Ergebnis zu erzielen.**

Für den Alltag sollte daher gelten: Viel mehr fragen als sagen und so verstehen, was der andere braucht – dann wird auch das gemeinsame Ergebnis ein positives sein.

Die Autorin

 Frauke Ion ist Speaker, Trainerin, Coach und Expertin für Perspektivenwechsel. Während ihrer 20-jährigen erfolgreichen Karriere als Führungskraft im In- und Ausland stellte sie sich die Frage: Warum ticken, wirken und verhalten sich Menschen unterschiedlich? Anhand ihres 5-Sterne-Prinzips© gibt sie konkrete Antworten auf diese Frage. Seit 2005 leitet sie ihre eigene Beratungs- und Trainingsfirma *ion international* und ist Mitinhaberin des *Instituts für Persönlichkeit* in Köln.

www.ich-sehe-was-was-du-nicht-siehst.com
www.ion-international.de
www.frauke-ion.de
www.institut-fuer-persoenlichkeit.de

Weiterführende Literatur

- Bornhäußer, Andreas; Ion, Frauke: 30 Minuten: Wie wirke ich? Offenbach: GABAL Verlag 2014

- Covey, Stephen R.: Die 3. Alternative. So lösen wir die schwierigsten Probleme des Lebens. Offenbach: GABAL Verlag 2012

- Covey, Stephen R.: Die 7 Wege zur Effektivität. Prinzipien für persönlichen und beruflichen Erfolg. Offenbach: GABAL Verlag 2006

- Covey, Stephen R.: Die 7 Wege zur Effektivität. Workbook. So integrieren Sie die 7 Wege in Ihr Leben. Offenbach: GABAL Verlag 2010

- Ion, Frauke: Ich sehe was, was du nicht siehst. Durch Perspektivenwechsel zu besseren Ergebnissen. Offenbach: GABAL Verlag 2014

- Jung, Carl Gustav: Typologie. München: Deutscher Taschenbuch Verlag 1921/2001

- Reiss, Steven: Who am I? The 16 Basic Desires That Motivate Our Behavior and Define Our Personalities. New York: The Berkley Publishing Group 2000

- Reiss, Steven: Das Reiss Profile. Die 16 Lebensmotive. Welche Werte und Bedürfnisse unserem Verhalten zugrunde liegen. Offenbach: GABAL Verlag 2009

- Roth, Gerhard: Fühlen, Denken, Handeln. Wie das Gehirn unser Verhalten steuert. Frankfurt am Main: Suhrkamp Verlag 2001

- Roth, Gerhard: Persönlichkeit, Entscheidung und Verhalten. Warum es so schwierig ist, sich und andere zu ändern. Stuttgart: Klett-Cotta Verlag, 8. Aufl. 2013

- Schulz von Thun, Friedemann: Miteinander reden 2: Stile, Werte und Persönlichkeitsentwicklung. Differentielle Psychologie der Kommunikation. Reinbek: Rowohlt Verlag 1989

www.insights.com
www.insights-group.de

Register